中华传统美德百字经

全·顾全大局

于永玉 杨晓明◎编

U0095416

一段历史之所以流传千古，是由于它蕴涵着不朽的精神；一段佳话之所以人所共知，是因为它充满了人性的光辉。感悟中华传统美德，获得智慧的启迪和温暖心灵的感动；品味中华美德故事，点燃心灵之光，照亮人生之路。

天津人民出版社

图书在版编目（CIP）数据

全：顾全大局 / 于永玉，杨晓明编. —天津：天津
人民出版社，2012.3
（巅峰阅读文库. 中华传统美德百字经）
ISBN 978-7-201-07514-3

Ⅰ. ①全… Ⅱ. ①于… ②杨… Ⅲ. ①品德教育—中
国—通俗读物 Ⅳ. ① D648-49

中国版本图书馆 CIP 数据核字 (2012) 第 058206 号

天津人民出版社出版
出版人：刘晓津
（天津市西康路 35 号 邮政编码：300051）
邮购部电话：（022）23332469
网址：http://www.tjrmcbs.com.cn
电子信箱：tjrmcbs@126.com
永清县晔盛亚胶印有限责任公司印刷 新华书店经销
2012 年 3 月第 1 版 2012 年 3 月第 1 次印刷
690×960 毫米 16 开本 10 印张 字数：100 千字
定价：19.80 元

中国是一个具有悠久历史和灿烂文化的文明古国，也是举世闻名的礼仪之邦。在历史的长河中，中华民族创造出了绚丽多彩的物质文化和精神文化，为人类的发展和进步做出了重要贡献。其中，中华民族的传统美德被大家代代传承。

那么，什么是传统美德？什么是中华民族的传统美德呢？通常来说，传统美德就是在自觉或习俗的道德规范中，一些被大多数人所接受并实际奉行的，而且在现代仍有着积极影响的那些美德。具体到中华民族传统美德，概括起来就是指中华民族优秀的民族品质、优良的民族精神、崇高的民族气节、高尚的民族情感以及良好的民族礼仪等，是中华民族在历史实践过程中积累而成的稳定的社会优秀道德因素，体现在人们生活的方方面面，涉及政治、经济、文化、意识等领域，并通过社会心理结构及其他物化媒介得以代代相传。

经过长期的历史沉淀，中华传统美德已融入到中华民族的思想意识和行为规范中，成为社会道德文化的遗传基因，成为整个中华民族文化的精神内涵，也是中华五千年文明史的精髓所在。继承和弘扬中华民族传统美德，可以振奋民族精神，增强民族自尊心、自信心、自豪感和凝聚力，使社会主义道德规范具有更丰富的内涵，让社会主义、集体主义、爱国主义思想等更加深入人心，成为社会主义文化的主旋律。同时，还可以更好地协调人际关系，促进社会主义市场经济的健康发展，形成有中国特色的、适应社会发展的价值观和伦理道德规范。

前 言

国民的思想道德状况，尤其是青少年的思想道德状况，直接关系着一个国家、一个民族的整体素质，关系着国家前途和民族命运。目前，我国已进入改革发展的新时期新阶段，德育教育的价值和意义更是日渐凸显。大力弘扬中华传统美德，建设社会主义核心价值体系，促进社会主义文化的发展和繁荣，是建设全面小康社会的主要任务，更是实现中华民族伟大复兴的必然要求。因此，党中央非常注重我国公民道德建设，全社会也已形成了加强和改进思想道德建设的新风尚。

青少年是国家的希望，是民族不断发展和延续的根本，因此，青少年德育教育就显得更加重要。为了增强和提升国民素质，尤其是青少年的道德素质，我们特意精心编写了本套丛书——《中华传统美德百字经》。

本套丛书立足当前公民，尤其是青少年思想道德教育的现实，将中华民族的传统美德归纳为一百个字，即学、问、孝、悌、师、教、言、行、中、庸、仁、义、敦、和、谨、慎、勤、俭、恤、济、贞、节、谦、让、宽、容、刚、毅、睦、贤、善、良、通、达、知、理、清、廉、朴、实、志、道、真、立、忠、诚、公、正、友、爱、同、礼、温、信、尊、敬、恭、恕、责、仪、精、专、博、富、明、智、勇、力、安、全、平、顺、敏、思、积、利、健、率、坚、情、养、群、严、慈、创、新、变、革、争、谏、诲、齐、省、克、竞、求、简、洁、强、律。丛书内容丰富、涵盖性强，力图将中华民族传统美德的内涵囊括进去。丛书通过故事、诗文和格言等形式，全面地展示了人类永不磨灭的美德：诚实、孝敬、负责、自律、敬业、勇敢……

这些故事在中华民族几千年的历史长河中，一直被人们用来警醒世人、提升自己，用做道德上对与错的标准；同时通过结合现代社会发展，又使其展现了中华民族在新时代的新精神、新风貌，从而较全面地展示了中华民族的美德。

在本套丛书中，为了帮助读者更好地理解这些源远流长的传统美德，我们还在每一篇故事后面给出了"故事感悟"，旨在令故事更加结合现代社会，结合我们自身的道德发展，以帮助读者获得更加全面的道德认知，并因此引发读者进一步的思考。同时，为丰富读者的知识面，我们还在故事后面设置了"史海撷英"、"文苑拾萃"等板块，让读者在深受美德教育、提升道德品质的同时，汲取更多的历史文化知识。

前　言

这是一套可以打动人心灵的丛书，也是可以丰富我们思想内涵的丛书……《中华传统美德百字经》向我们展示的是一种圣洁的、高尚的生活哲学。无论在任何社会、任何时代，给予人类基本力量的美德从来不曾变化。著名的美国政治家乔治·德里说："使美国强大的不是强权与实力，而是上帝赐予的美德。假如我们丢失了最根本且有用的美德，导弹和美元也不能使我们摆脱被毁灭的命运。"在今天，我们可能比任何时候都更应关心道德问题，尤其是青少年的道德问题，因为今天我们正逐渐面临从未有过的道德危机和挑战。

人生的美德与智慧就像散落的沙子，我们哪怕每天只收集一粒，终有一天能积沙成塔，收获一个光辉灿烂的明天。《中华传统美德百字经》中的美德故事将直指我们的内心，指向人性中善良的一面，唤起我们内心深处的道德感。因此，中华民族的传统美德也一定会在我们的倡导和发扬之下，世世传承，代代延续！

　　全套丛书分类编排，内容详尽、文字优美、风格独具，是公民，尤其是青少年思想道德建设的优秀读物。愿这些恒久流传的美文和故事能抚平我们每个人驿动的心，愿这些优秀的美德种子能在青少年身上扎根、发芽、生长……

全·顾全大局

导言

中国自古以来素以礼仪之邦著称，中华民族传统美德的内容可谓博大精深，涉及社会生活的各个方面，其中一项便是在成就事业中弥足重要的大局观。历代欲谋长治久安、有所作为之人均十分推崇公道和正义，把顾全大局、去私为公视为公共道德的基本原则和个人品质的重要方面。因为大局、公义维持着一种秩序和平衡，代表着公共的利益。

大局是一个相对的范畴，就我国现阶段来说，就是经济社会发展的总体和长远目标，这是国家层面的大局；还有社会、集体等层面的大局。所谓顾全大局，就是指顾及或保全国家、民族、人民的根本利益。"以私害公，非忠也"（《左传·文公六年》）。当个体、局部利益与此有所矛盾、冲突的时候，要让个体利益服从集体利益，让局部利益服从整体利益，眼前利益服从长远利益。

全者，保全也，具体表现为从整体的利益着想，使之不受损害。顾全大局，便是"全"字在人们为人处世中最集中的体现。中华泱泱五千年文明，历朝历代均涌现出了一批又一批的仁人志士，他们总是在最危急的关头挺身而出，以民族大义为重，以国家社会安定为己任，将天下苍生的生死放在心上，积极地参加到社会事务中来，统筹全局，深谋远虑，化解了一次又一次的危机。正是有了他们，我们的历史才走到了今天，我们才过上了现在这份太平的生活。而他们的精神已成为了中华民族传统美德的一部分，成为了我们最宝贵的精神财富。

"人之初，性本善"。每个人在心底都有着一颗成就大事、普济苍生之心。而要想成就一番事业，就必须要顾全大局。顾全大局，不仅仅是说在口头上这么简单，不是仅仅看几本相关方面的书、学习一些谋略等就能做到的。有时它要求我们要有远大的抱负、崇高的人格、忧心天下的伟大情怀、悲悯苍生的博爱之心；有时它要求我们要有长远的目光、机敏的智慧、忍辱负重的耐心；有时甚至要求我们要为了全局而充当配角，积极配合，长期默默无闻，无人问津。要做到顾全大局，并不简单，但我们也不用气馁，我们要以先辈们的崇高事迹为榜样，不断提高自己的精神境界。

日常生活中，大局看似离我们很遥远，在遥远的古代，在纷乱的战争年代……其实它却真真切切地发生在我们生活中的每一天；宏伟的三峡移民工程，2003年严酷的抗击"非典"的斗争，以及每天都在发生的城市拆迁改造工程，单位集体工作等等，在这些事情之中，国家、社会均考验着我们是否能够践行这种精神，真正做到顾全大局。新社会、新时代，我们依然要积极学习大力发扬顾全大局的传统美德，学习先辈们的崇高精神，为建设社会主义和谐社会贡献自己的一份力量。

本书搜集了从古至今历朝历代的著名故事，对顾全大局的传统道德内涵进行了深入介绍，让大家在阅读的同时，不至于太过乏味。本书共分四章，从不同的方面来谈顾全大局的精神，以便读者可以从不同的方面了解它，更加细致准确地把握它，进而将之应用于实践活动。

目录

全·顾全大局

第一篇

托身危急胸怀大局

为大局晁错削藩献身

◎粟者，王者大用，政之本务。——晁错

晁错(公元前200—前154)，西汉文帝时的智囊人物。颍川(今河南禹县城南晁喜铺)人。汉文帝时，晁错因文才出众任太常掌故，后历任太子舍人、博士、太子家令(太子老师)、贤文学。在教导太子中受理深刻，辩才非凡，被太子刘启(即后来的景帝)尊为"智囊"。因七国之乱被腰斩于西安东市。

在楚汉战争中，刘邦为了打败项羽，分封了韩信、英布、彭越等重要将领为王。汉初，被封的异姓王有七人。异姓王的存在，对汉朝中央集权是个严重威胁。为此，从汉高祖五年(公元前202年)至十二年(公元前195年)的七年中，汉高祖刘邦借口异姓王谋反杀了韩信等四王，张敖被废为列侯，韩王信逃入匈奴，仅存势力最小的衡山王吴芮。

随着异姓王的剪除，汉高祖"惩戒亡秦孤立之败"，陆续封了九个刘姓子弟为王，并杀白马为盟，立誓曰："非刘氏王者，天下共击之。"刘邦以为，有了这样的"磐石之宗"，刘家天下就可以固若金汤了。

封国的存在，对中央集权必然产生离心力。随着社会经济的恢复发展，诸王势力日益膨胀，他们"跨州兼郡，连城数十，宫室百官，同制京师"。他们掌握着封国内的征收赋税、任免官员、铸造钱币等政治、经济大权，形成"尾大不掉"之势。诸侯王日益骄横，他们"出入拟于天子"，有时连天子之诏也不听，还时刻想举兵夺取帝位。汉文帝前元三年(公元前177年)发生了济北王刘兴居的武装叛乱，开王国武装反抗中央之端。三年后，淮南王刘长又步刘兴居后尘。这两处叛乱虽然都被平定，但是拥有53城的吴王刘濞又在准备反叛。

西汉王朝中的有识之士深深感到，同姓王并不可靠，他们试图解决中央集权与地方割据势力之间的尖锐矛盾。文帝时，梁王太傅贾谊递交了著名的《治安策》，提出了"众建诸侯而少其力"的主张，汉文帝采纳了贾谊的建议，把一些王国分小。但是问题仍未解决。汉景帝时，御史大夫晁错坚决主张削藩。

晁错，文帝时为太子舍人、门大夫、家令。他口才较好，受到太子的赞赏，"太子家号曰'智囊'"。他数十次上书汉文帝，力主削藩，均未受到汉文帝的重视，其意见也未被采纳。但汉文帝认为晁错有才，迁为中大夫，太子则赞同晁错的削藩建议。

太子即位，为汉景帝。汉景帝任晁错为内史，后又迁为御史大夫。汉景帝二年（公元前155年），他向景帝上了《削藩策》，明确提出了削藩建议，他主张："请诸侯之罪过，削其地，收其支郡。"当时，大臣们都不敢对削藩发表不同意见，晁错深刻地认识到诸侯王对汉王朝的离心力和威胁。他认为，像吴王刘濞这样的诸侯王是不会改过自新的。他指出，吴王"益骄溢，即山铸钱，煮海水为盐，诱天下亡人，谋作乱"。吴王濞夺国家之财源，招诱国家之罪人，准备反叛汉朝廷，所以晁错认为，"今削之亦反，不削之亦反。削之，其反亟，祸小；不削，反迟，祸大"。对于吴王濞来说，汉景帝削藩，他会立即反叛，这于汉王朝祸害小些；朝廷不削藩，他谋反起兵会迟一些，这于汉朝廷的祸害就更大。晁错建议早削藩，削夺诸侯王的封地。汉景帝采纳其建议，开始削夺王国的部分土地，划归中央直接管辖。

晁错的削藩建议在诸侯王中引起了极大的反响，一方面他们非常恐慌，另一方面又十分痛恨晁错。晁错的父亲知道后，从家乡颍川赶到长安城，想规劝晁错。晁错则认为，不削藩"天子不尊，宗备不安"。父亲认为，晁错削藩策的实行，必然导致"刘氏安"，而"晁氏危"。父亲感到，晁错一心为国家筹谋，而不顾及宗姓，即将大祸临头，他不愿见到这种惨局，便服药自尽了。晁错清楚地知道，削藩之策得罪了诸侯王，但是为社稷计，为维护国家

3

的统一和防止分裂，他坚定地主张削藩而毫不顾及个人的生死和安危。

景帝三年（公元前154年），吴王刘濞为首的吴楚七国"以诛（晁）错为名"，起兵反叛。汉景帝便同晁错商议出兵镇压七国之乱，晁错认为汉景帝应御驾亲征。这时，反对晁错的袁盎利用单独同汉景帝谈话的机会攻击晁错，要汉景帝"斩（晁）错，发使赦吴楚七国，复其故地"。说只有这样，才可以息兵。汉景帝一时糊涂地以为杀晁错一人，便可止乱。此时，丞相翟青等人又联名攻击晁错，终于使汉景帝错误地处死了晁错。但是，吴楚七国并未因此罢兵，率兵平吴楚之乱的大将邓公对汉景帝说："吴为反数十岁矣，发怒削地，以诛（晁）错为名，其意不在（晁）错也。且臣恐天下之士钳口不敢复言矣。"他还公正地说道："夫晁错患诸侯强大不可制，故请削之，以尊京师，万世之利也。计划始行，卒受大戮，内杜忠臣之口，外为诸侯报仇，臣窃为陛下不取也。"汉景帝这时才恍然大悟，悔恨不及。吴楚七国之乱，最后被大将周亚夫平定。

晁错"锐于为国远虑"，而力主削藩，以至被谗遭杀，"世哀其忠"。

◎故事感悟

削藩之策得罪了诸侯王，但为社稷，为维护国家的统一和防止叛乱，晁错坚定地主张削藩而毫不顾及个人的生死安危。历史证明，晁错的"削藩策"是极有远见的爱国政策，这种政策的中心内容是维护国家的统一和加强中央集权。晁错的行为可敬，精神可嘉。

◎史海撷英

御史大夫

官名。秦代始置，负责监察百官，代表皇帝接受百官奏事，管理国家重要图册、典籍，代朝廷起草诏命文书等。西汉沿置，御史大夫与丞相、太尉合称三公，秩中二千石。职务类似后来的尚书令，此为汉初之情况。通常谓御史职掌监察，然主管非御史大夫，而是其下的御史中丞。成帝绥和元年（公元前8年），仿古制设三公，改大夫为大司空。东汉又改为司空。大司空（司空）不在御史台。"侍御史之率"名义改属中丞。晋以后多不置御史大夫。唐复置，专掌监察执法。宋不除大夫，以中丞为台长。明洪武中改御史台为都察院，御史大夫之官遂废。

◎文苑拾萃

读晁错传

（宋）许氏

匣剑未磨晁错血，已闻刺客杀袁丝。

到头昧却人心处，便是欺他天道时。

痛矣一言偷害正，戮之万段始为宜。

邓公坟墓知何处，空对斯文有泪垂。

郭子仪为国只身入敌营

◎义不当死，则慎以全身；义不当生，则决以致命。——王夫之

郭子仪（697—781），中唐名将。汉族。华州郑县（今陕西华县）人，祖籍山西汾阳。以武举高第入仕从军，累迁至九原太守、朔方节度右兵马使。天宝十四载（755年），安史之乱爆发后，任朔方节度使，率军收复洛阳、长安两京，功居平乱之首，晋为中书令，封汾阳郡王。代宗时，又平定仆固怀恩叛乱，并说服回纥酋长，共破吐蕃，朝廷赖以为安。郭子仪戎马一生，屡建奇功，大唐因有他而获得安宁达20多年，史称"权倾天下而朝不忌，功盖一代而主不疑"，享有崇高的威望和声誉。年85岁寿终，赐谥忠武，配飨代宗庙廷。

唐代宗永泰元年（765年）九月，河北副元帅仆固怀恩引诱回纥、吐蕃、吐谷浑、党项、奴剌等部族几十万人共同进犯唐朝，一时之下，形势十分危急。仆固怀恩原是郭子仪手下一名大将，在安史之乱中立过战功。他不满意唐王朝对他的待遇，发动叛变，派人跟回纥和吐蕃联络，欺骗他们说，郭子仪已经被宦官鱼朝恩杀害，要他们联合反对唐朝。

765年，仆固怀恩带引回纥、吐蕃几十万大军进攻长安。但仆固怀恩半途得急病死了，回纥和吐蕃大军继续进攻，唐军抵抗不住，回纥、吐蕃联军一直打到长安北边的泾阳（今陕西泾阳），长安因此受到威胁。

唐代宗和朝廷上下都震动了，宦官鱼朝恩劝代宗再一次逃出长安。由于大臣反对，代宗才没有逃走。大家都认为，要打退回纥、吐蕃，只有指望郭子仪。

那时候，郭子仪正在泾阳驻守，手下没有多少兵力。他一面盼咐将士构

筑防御工事，不许跟敌人交战；一面派探子去侦察敌军的情况。

根据侦察到的情况，回纥和吐蕃两支大军虽说是联军，但是也并不团结。他们本来是仆固怀恩引进来的，仆固怀恩一死，谁也不愿听对方指挥，两股力量无法统一。

郭子仪知道这个情况后，决定采取分化敌人的办法。回纥的将领过去跟郭子仪一起打过安史叛军，有点老关系，郭子仪就决定先把回纥将领拉过来。

当天晚上，郭子仪派他的部将李光瓒偷偷地到了回纥的大营，去见回纥都督药葛罗。

李光瓒跟药葛罗说："郭令公派我来问你，回纥本来和唐朝友好，为什么要听坏人的话，来进攻我们呢？"

药葛罗奇怪地说："郭令公还活着？听说郭令公早已被杀，你别骗人了。"

李光瓒告诉药葛罗，郭令公现在就在泾阳，但是回纥将领说什么也不相信。他们说："要是郭令公真在这里，那就请他亲自来见个面。"

李光瓒回到唐营，把回纥人的怀疑向郭子仪回报了。郭子仪说："既然这样，我就亲自去走一趟，也许能劝说回纥退兵。"

将领们都觉得这是个好办法，但是又认为让元帅亲自到敌营去太冒险。有人提出，派500个精锐的骑兵跟郭子仪一起去，万一回纥人动起手来，也有人保护。

郭子仪说："不行！带了这么多兵去，反而会坏事。我只要几个人陪我一起去就可以了。"说着，就命令兵士给他牵过战马来。

儿子郭晞上前拦住他的马说："您老人家现在是国家元帅，怎么能这样到虎口去冒险呢？"

郭子仪说："现在敌人兵多，我们兵少，要真的打起来，不但我们父子两人生命难保，国家也要遭难。我这次去，如果和他们谈判成功，那就是国家的幸运；即使我有什么三长两短，还有你们在嘛！"

说着，他跳上了马，扬起鞭子把郭晞拦马的手打了一下。

郭晞一缩手，马就撒开蹄子跑了。

郭子仪带着几个随从兵士骑马出了城，向回纥营的方向走去。兵士们一面走，一面叫喊："郭令公来了！郭令公来了！"

回纥兵士远远望见有几个人骑马过来，又隐约地听见兵士的吆喝声，连忙报告药葛罗。药葛罗和回纥将领们大吃一惊，命令兵士摆开阵势，拈弓搭箭，准备迎战。

郭子仪带着随从兵士到了阵前，他们摘下头盔，卸掉铁甲，把枪扔在地上，拉紧马缰，缓缓向回纥营靠近。

药葛罗和将领们目不转睛地望着来人，异口同声地叫了起来："啊，真是令公他老人家！"说着，大伙一起翻身下马，围住郭子仪下拜行礼。

郭子仪跳下马来，走上去握住药葛罗的手，和气地对他说："你们回纥人曾经给唐朝立过大功，唐朝待你们也不错，为什么要帮助仆固怀恩闹叛乱呢？我今天到这儿来，就是为了劝你们悬崖勒马。如果你们不从，反正我现在是单身到这儿，已做好被你们杀掉的准备，但是我的将士会跟你们拼命的。"

药葛罗很抱歉地说："令公别这样说。我们受了仆固怀恩的骗，以为皇帝和令公都已经死去，中原没有主人，才跟着他上这儿来了。现在知道令公还在，哪会同您打仗呢？"

郭子仪说："吐蕃和唐朝是亲戚关系，现在也来侵犯我们，掠夺我们百姓的财物，实在太不应该啦！我们决心要回击他们。如果你们能帮我们打退吐蕃，对你们也有好处。"

药葛罗听了郭子仪的话，连连点头说："我们一定替令公出力，将功补过。"

郭子仪和药葛罗正在谈话的时候，两边回纥将士听着听着，慢慢都围拢过来了。郭子仪的随从一看回纥兵靠近，有点紧张起来，也挨到郭子仪身边，想保护他。

郭子仪挥了挥手，叫随从让开，接着就叫药葛罗派人拿酒来。药葛罗的左右送上酒，郭子仪先端起一杯，把酒洒在地上，起誓说："大唐天子万岁！回纥可汗万岁！两军将领万岁！从现在起，谁要违反盟约，就叫他死在阵上！"

药葛罗也跟着郭子仪起了誓，洒了酒，双方订立了盟约。

郭子仪单骑访回纥营的消息传到吐蕃营里，吐蕃的将领们害怕唐军和回纥联合起来袭击他们，连夜带着大军撤走了。

◎故事感悟

　　郭子仪戎马一生，功盖一代。在年迈之际，吐蕃、回纥等多部族又来侵犯唐朝，国都长安再次面临被占领的危险。他为了瓦解进犯军队的联盟，维护大唐的安定，不顾自身安危，只身到回纥的军营中，劝退了回纥军队。他这种以国家安危为重、不顾自身安全的高尚行为和献身精神值得后人学习。

◎史海撷英

武　举

　　中国历史上的武举制度创始于唐代。武则天始创选拔武将的武举考试，至清朝时改称武科。武举的兴盛在明清两代，特别是在清代。明朝武举创制甚早，但制度一直没有确定下来。清代情况大不相同，重视程度大大超过明代。加上封建国家大力提倡，制度日益严密，录取相对公正。因此，民间习武者对武举考试趋之若鹜。历史上武举考试一共进行过约500次。相对于文科举，武科举较为不受重视。历朝的武举时而被废，时而恢复。而武举的地位亦低于文科出身的进士。

◎文苑拾萃

送监丞弟元亨参江陵闾

（南宋）柴　望

北虏才闻郭子仪，上流决有退师期。

诸公但酾临江酒，老子只围别墅棋。

露布夜传诛靺鞨，蜡丸便递破符离。

书生已办平淮表，先寄鹈鸪原上诗。

杨延昭抗旨退辽军

◎以身许国，何事不敢为！——岳飞

> 杨延昭（958—1014），本名杨延朗，后因避道士赵玄朗的讳，改名杨延昭，亦称杨六郎。北宋抗辽大将杨业的长子。生于五代后周显德五年，卒于北宋大中祥符七年。原籍麟州（今陕西神木）。北宋前期将领，其父杨业死后，便担负起河北延边的抗辽重任。死后陪葬于永安县（今河南巩义）宋英宗永厚陵。

宋真宗景德元年（1004年），辽萧太后与辽圣宗耶律隆绪以收复瓦桥关（今河北雄县旧南关）为名，亲率20万大军南下深入宋境。萧挞凛攻破遂城，生俘宋将王先知，力攻定州，俘虏宋朝云州观察使王继忠，直打到澶州（今河南濮阳）以北。

宋廷朝野震动，真宗畏敌，欲迁都南逃，官员们有的主张迁都升州（今南京），有的主张迁都益州（今成都）。因同平章事（宰相）寇准、毕士安坚持，真宗无奈亲至澶州督战。但真宗仍一心求和，认为宋朝物资丰富，辽国则相对贫乏，其之所以南犯，乃贪图宋朝的财货。如果能因此免除边患，仍不失为妥善之道，遂同意了辽方的物质需求，最终与辽国签订了"澶渊之盟"。

就在这时，有位将军向宋真宗提出了打退辽军的军事计划。这位将军便是抗辽名将"杨无敌"杨业的儿子杨延昭。

杨延昭在边防20余年，屡败辽兵，当时契丹人十分害怕他。杨延昭幼年沉默寡言，儿童时期好玩军阵。杨业认为杨延昭很像自己，所以，每次征战都带着杨延昭。雍熙三年（986年），为收复燕（今北京西南）云（今山西大同）

十六州，宋向辽国发起进攻。杨业奉命攻取应州（今山西应县）、朔州（今山西朔县），他以杨延昭为先锋。杨延昭作战勇敢，攻打朔州时，城下流矢贯其臂，但杨延昭仍不后退，杀敌反而更加勇猛。

咸平二年（999年），辽兵南下，当时杨延昭在遂城（今河北徐水）。遂城城小又无防备，辽兵围攻数日。每次战斗，城中都人人危惧，杨延昭则毫不畏惧，率兵防守。杨延昭认为敌众我寡，只有以智谋取胜，才能保住遂城。他见天已寒冷，便命士兵吸水灌于城上，一夜之间，城墙便结成冰，坚滑无比，辽兵无法攻上，只好退走。宋真宗和时人都认为杨延昭极有父风。杨延昭不仅智勇善战，而且廉明爱下，"所得俸赐，悉以犒军"。虽然他为人质朴，出入骑从有如小校，但是，"号令严明"，并能"与士卒同甘苦"。所以，深得士心，作战屡胜。

景德元年辽兵攻至澶州时，杨延昭认为，辽兵主力已在澶州城下，其他地方十分空虚，宋军可以乘虚而入，进击辽国。对澶渊辽兵，杨延昭认为："契丹顿澶渊，去北境千里，人马俱乏，虽众易败，凡有剽掠，率在马上。"他建议宋真宗，"愿饬诸军，扼其要路，众可歼焉。即幽（今北京西南）易（今河北易县）数州可袭而取"。这个扼守要路，掩击辽军的军事计划，是很有见地的，也是切实可行的。

杨延昭的见解精辟透彻，但宋真宗并没有采纳这一建议。他害怕诸将袭击辽兵，影响与辽国的和谈，便下令前线将领按兵不动，让辽兵从容后退。辽兵后退北去时，洗劫了沿途州县，掳掠了数十万居民。

澶渊之盟订立后，杨延昭以为国耻，拒绝朝廷"勿伤北朝人骑"之命，与张凝、石普等痛歼辽军游骑不止。当辽军北退的时候，他又不顾朝廷"勿追契丹"的命令，为了打击辽兵、保卫国土、保护百姓，也为了贯彻自己的主张，冒着违反宋真宗意旨的罪名，亲自率所部万骑，进击辽兵，直抵辽境，攻破古城（今山西广灵西南），俘杀了大批敌人。杨延昭的进击，使辽兵无暇再行抢掠，只得匆匆北回。

杨延昭像他父亲杨业那样智勇善战，能与士卒同甘苦，遇敌必身先士卒而又不居功，深受士卒爱戴。他前后守卫边境20多年，威名也为契丹人所畏，被契丹人称之为"杨六郎"。据说古时六郎星是主将的，辽人把杨延昭看做是天上的星宿，而并不是杨业的第六子。杨延昭把一生心血倾注在河北的边防上，但因为宋真宗起用投降派王钦若为相，压制抗战派，杨延昭的抗辽大志没能实现。

大中祥符七年（1014年）正月七日，这个威震辽邦的爱国将领，满怀忧忿心情死于高阳关副都部署任所，终年57岁。杨延昭镇守河北边防期间，辽兵骚扰较少，这一带人民过着比较安定的生活，人民十分怀念他。当他的灵柩运走时，送行的人民"望柩而泣"。

◎故事感悟

杨延昭在朝廷与辽国达成"澶渊之盟"后，为了雪耻，为了国家安宁和人民安居乐业，不惜违抗圣旨，冒杀头危险毅然袭击辽军，迫使辽军匆匆北回。他为了国家大局，英勇奋战，成为历代人民传颂的民族英雄和爱国将领。

◎史海撷英

羊山之伏

咸平四年（1001年）冬，契丹发兵寇边，杨延昭与杨嗣共守保州，设伏兵于遂城西北之羊山。待辽军攻城，即以少数骑兵自北诱之，且战且退，至羊山下，伏兵四起，尽歼辽军。杨延昭以此功升任莫州团练使，这就是著名的"羊山之伏"。当地居民为纪念这一胜利，改羊山为杨山，或曰"藏兵山"。

◎文苑拾萃

通俗小说《杨家将》

杨家将抗辽的故事很早就在民间流传。南宋"说话"，便有《杨令公》、《五郎为僧》的名目。《杨家将》讲述了英雄传奇的系列故事，以话本、戏剧等形式在中国民间广为流传。主要讲述杨继业子孙五代对辽和西夏英勇作战的故事，其中大部分的人和事都是虚构的，比如，杨宗保、穆桂英、杨延郎、琼娥公主、佘太君等。但正是这些介于历史、虚构之间的人和故事，大大增添了作品的色泽与情趣，加重了英雄人物的层次感和传奇性。作品敢于冲破千百年来的封建束缚，大胆地描写了广大妇女在社会上不可缺失的重要地位，如"十二寡妇破阵"、"穆桂英挂帅"、"佘太君点将"等等。同时，作品也影射了当时战争的残酷。

文天祥毁家纾难

◎报国行赴难，古来皆其然。——崔颢

文天祥（1236—1283），吉州庐陵（今江西吉安县）人，民族英雄。初名云孙，字天祥。选中贡士后，换以天祥为名，改字履善。宝祐四年（1256年）中状元后再改字宋瑞，后因住过文山，而号文山，又号浮休道人。文天祥以忠烈名传后世，受俘期间，元世祖以高官厚禄劝降他，但文天祥宁死不屈，从容赴义，其生平事迹被后世传诵，与陆秀夫、张世杰并称为"宋末三杰"。代表作品有《过零丁洋》、《正气歌》等。

1274年，元军20万在丞相伯颜的率领下，从襄阳沿汉水渡过长江，准备顺长江向东，一举消灭南宋。

这使南宋朝廷陷入了一片恐慌之中，宋真宗七月病逝，宋恭帝赵显即位，只有4岁，太皇太后谢氏临朝听政。当他们听说元军打来，都吓慌了。太皇太后颁发了《哀痛诏》，要求天下文经武纬之臣忠肝义胆之士同仇敌忾，起兵勤王。

各地官员收到诏书后，响应的极少。有的正准备降元；有的持观望态度；有的想抗元，但担心力量不足。多数官员都认为宋朝即将灭亡，原来的俸禄都难保了，新的爵赏怎么还会有呢？因此诏书下达后，响应的只有文天祥和张世杰两人。当时文天祥在江西赣州任知府，他于恭帝德祐元年正月接到太皇太后诏书，同时还接到了一封下达给他的专旨，任命他为江西提刑，让他火速出发勤王，向京城临安进发。

文天祥接到诏书后，心情十分悲痛，多少年来担心的事情终于来临了。

从诏书上看，形势真够紧急的。多少年来，自己一心想着报效国家，如今国家有难，正给了自己一个机会，于是他立即应诏勤王，希望能贡献自己的力量挽救国家。

但是，起兵勤王，面临着两个难题：一是兵源，二是粮饷。朝廷只发诏书，给了一个提刑的头衔，而到哪里去找义士，到哪里去筹粮饷，都要文天祥自己想办法。面对这些困难，文天祥没有畏惧，而是积极行动起来。

接到诏书的第三天，他就向江西各地发出檄文，要求各地聚兵集粮，准备入卫京师。同时，他还广泛求贤纳士，征集起兵方略。

由于抗元是正义事业，同时由于文天祥在江西百姓中享有很高威望，所以他登高一呼，便有成千上万的人响应。在极短时间内，一支以百姓为主体的强大爱国新军组成了，总数多达五万人。这里有文天祥的亲戚同乡老朋友，也有不认识的军事将领、地方官吏、文人书生等等。他们随文天祥起兵抗元，生死与共，成了文天祥抗元大业的中坚力量。

五万人的新军组成了，而这五万人的吃穿又成了大问题。朝廷不给粮饷，需要百姓自己出粮。对穷人来说，可以参军打仗，但却拿不出粮；而一些富人有钱有粮，却不情愿献出来。怎么办？文天祥毅然决定献出自己的全部家产作为军费，以打动士民助义之心，解决义兵军费不足问题。

文天祥回到家中，和母亲兄弟商量后，把家产清理了一下，然后邀请当地父老的代表到他家客厅里，先向大家敬酒，然后诚恳地说道："如今元军已打过长江，大宋江山危在旦夕，我决定起兵勤王。为解决义兵粮饷问题，现将全部家产变卖，各位乡亲父老，你们能买的就买，没有力量的就请做个中人。"

在座的人听了文天祥这番话，十分感动。一位长者说："文大人真是爱国爱民，实在令人钦佩。我不买文大人的家产，但我愿捐献钱财，作为军饷。"

一些人也纷纷响应，愿意捐钱捐物。最后大伙儿一共拿出了两万两银子和一千石稻谷献给义军，而文天祥的房契、地契以及首饰，都暂时寄存在乡亲手里。

文天祥很感激，向大家致敬，并说："感谢家乡的父老乡亲，我文天祥一定不辜负乡亲的希望，依靠百姓，抗元救国。"

文天祥献出家产，而且是全部家产，他的举动具有极大的号召力。没有多少天，各地人士纷纷捐钱捐粮，很快凑足了义军急需的粮饷，这一个难题解决了。文天祥在江西组织了几万义军勤王，有的好心朋友劝告他："元军如狼似虎，正分三路南下，你帅几万乌合之众前去迎战，不等于赶着一群羊去斗虎吗？"

文天祥坚定地回答："我深知这个情况。但是国家养育民众300多年，一旦有急，征兵天下，无一人一骑前去，令人痛心了。因此，我才自不量力，决心以身殉国。天下忠义之士，若能够闻风而起，人多势大，国家才能安全。"

◎故事感悟

文天祥在元军压境、即将攻陷京都之时，为了国家社稷、黎民苍生，不惜牺牲自己来唤醒沉睡的人们。为了抗元保宋，他毅然捐献出自己的全部家产。他这种为了民族大义、誓死保卫国家的精神万古流芳。

◎史海撷英

崖山决战

在元军的猛烈攻势下，南宋流亡政府逃到秀山（今广东东莞虎门的虎头山）。11岁的端宗惊悸成疾，在雷州（今广东湛江市）病逝。张世杰、陆秀夫拥8岁的卫王继位，又把行朝迁到新会县南面大海中的崖山（今广东省江门市）。祥兴二年（1279年）二月初六，宋、元双方在海面上展开了惊心动魄的海战，最后张世杰统领的宋军战败，陆秀夫背负小皇帝跳海殉难。

◎文苑拾萃

沁园春

（元）文天祥

为子死孝，为臣死忠，死又何妨。

自光岳气分，士无全节，君臣义缺，谁负刚肠。

骂贼睢阳，爱君许远，留得声名万古香。

后来者，无二公之操，百炼之钢。

人生翕欻云亡。好烈烈轰轰做一场。

使当时卖国，甘心降虏，受人唾骂，安得留芳。

古庙幽沉，仪容俨雅，枯木寒鸦几夕阳。

邮亭下，有奸雄过此，仔细思量。

为变法忘家殉国无所惧

◎我们是国家的主人，应处处为国家着想。——雷锋

> 张居正（1525—1582），湖广江陵（今属湖北）人。字叔大，少名张白圭，又称张江陵，号太岳，谥号"文忠"。明代政治家、改革家、教育家，中国历史上优秀的内阁首辅之一。著有《张太岳集》《书经直解》等。

　　明嘉靖十六年（1537年），13岁的张居正至武昌参加乡试。他的超人才华和远大志向引起了湖广巡抚顾璘的重视，"一见即许以国士，呼为小友。每与藩、臬诸君言：'此子将相才也。'"并预言"他年当枢要"。不过，顾璘认为13岁即中举人很容易让他产生自满情绪，对他日后发展不利，不如让他受些挫折和磨炼，激励他更加奋发进取，为国家成就一个经邦治国的英才。结果虽然他的试卷深受考官赞赏，仍然未被录取。三年后，张居正再试成功后，顾璘解犀带相赠，鼓励他不要只满足于做年少成名的秀才，而要有远大抱负，要做伊尹、做颜渊。对于顾璘的知遇和激励，张居正"中心藏之，未尝敢忘"，30多年后果然成为推行新政"起衰振隳"的一代"救时宰相"。

　　张居正于嘉靖二十六年（1547年）考中进士，授翰林院庶吉士，开始踏上储相入阁的台阶。当多数同科进士热衷于文章诗句之时，他却以深沉的目光关注着国计民生。两年后即上《论时政疏》，指陈国家"臃肿痿痹"之五弊，建议世宗"广开献纳之门"，使"人人思效其所长"，尽力革除积弊。30岁那年以病辞归，在家赋闲三年，仍不忘忧国忧民，经常"周行阡陌年间"，考察

"岁时之丰凶"和农夫的疾苦，对老百姓的深重苦难，"未尝不恻然以悲，惕然以恐也"。此刻，他已发下宏愿，甘愿"以其身为蓐荐，使人寝处其上，溲溺之，垢秽之，吾无间焉"。

张居正步入政坛的嘉靖中期，豪强兼并，流民遍地，土地和劳动力分离，生产萎缩，财政亏空，加上边防败坏，政府陷入内外交困、濒于崩溃的深刻危机之中。胸怀救世济民"磊落奇伟"壮志的张居正，慨然以天下为己任，决意不顾荣辱毁誉，寻求除弊革新的机会，"大破常格，扫除廓清"，以"弭天下之患"。

隆庆六年（1572年），穆宗病故，继位的神宗仅有10岁。张居正终于得以首辅的身份"任法独断，操持一切"，义无反顾地在全国范围发起一场力挽狂澜的变法革新。张居正变法，"务在强公室，杜私门"，触动了怙恶违法豪强权贵以及贪赃枉法庸懦腐败官吏的权益，招致强烈反抗，浮言私议、怨谤攻讦四起，甚至革除皇帝冬月普赐朝臣貂皮帽旧例的举措，也被人指责是因为张居正"饵房中药过多，毒发于首，冬月遂不御貂帽"。改革征程中布满荆棘、坎坷，但他却丝毫不为所动，坦然表示，"数年以来，所结怨天下者不少矣，憸夫恶党，显排阴嗾，何尝一日忘于孤哉！念已既忘家殉国，惶恤其他，虽机阱满前，众镞攒体，孤不畏也！"

正是这种忘身殉国、百折不回的斗志和精神，不断推动了变法向前发展。如万历八年（1580年），张居正在纵谈得失毁誉时说："不谷弃家忘躯，以殉国家之事，而议者犹或非之。然不谷持之愈力，略不少回，故得少有建立。得失毁誉关头若打不破，天下事无一可为者。"官员父母过世，按例当辞官守孝三年，因特殊情况皇帝批准留任的谓之"夺情"。万历五年（1575年），正值改革全面铺开之际，张居正父亲病逝，当时的情势下，他不得不夺情留任，但当居正夺情起复的消息传出，反对派"乃借纲常之说，肆为挤排之计"，一时间，"贪位、恋权""禽兽、不孝"一类诋毁、谩骂之词漫天飞来。面对这些攻击，张居正答称："此天下之大辱也，然臣不以为耻也，……人臣杀其身有益于君则为之，况区区訾议非毁之间乎？""恋之一字，纯臣所不辞！"其实，早在万历元年（1573年）发动改革时，他就已经下定决心："有欲割取吾耳鼻，我亦欢喜施与，况诋毁而已乎？"

张居正变法之时已处于封建社会后期，地主阶级极度腐朽衰败，因循守旧，积重难返，可供改革的余地已经十分有限。张居正并没有过高估计自己的作用，万历九年（1581年）他曾明白表示："顾涓流徒烦于注海，而寸石何望于补天？"他矢志改革无非是在表达"苟利国家，何发肤之足惜"的精神。他把自己看做是"'耿耿于迅飙之中'的'孤焰'"，甚至"自知身后必不保"，但却毫不退缩，反而加快改革步伐，一再嘱告："诸公宜及仆在位，做个一了百当。"

万历十年（1582年），由于宿疾复发，骤然夺去了张居正的生命。伺机而动的保守派群起反扑，他们怂恿年龄渐增、贪欲膨胀、对权相劝教约束早怀不满的明神宗下诏削夺其爵位，将其满门查抄。于是，张居正长子张敬修被逼自杀，家属饿毙十数人，"居正诸所引用者，斥削殆尽"，十年改革毁于一旦。对于这种身后一败涂地的结局，张居正生前并非没有料到，但为了变法图新、济世救民，他早已弃家忘躯，"不但一时之毁誉不关于虑，即万世之是非，亦所弗计也"。

张居正实施的新政虽然最终被废止，明王朝大厦将倾的颓势也不可避免、无能挽救，但他执政变法的十年确为明中后期最有生气、最为光辉的时期。经他"肩劳任怨、举废饬弛，弼成万历初年之治。其时中外义安，海内殷阜，纪纲法度，莫不修明"，"自正、嘉虚耗之后，至万历十年间，最称富庶"。而反攻倒算、否定张居正变法的结果，则使明王朝更加无可挽回地滑入崩溃瓦解的绝境。至明末天启、崇祯朝，终于"日久论定，人益追思"，为他平反、昭雪，重新恢复了名誉。

◎故事感悟

胸怀救世济民"磊落奇伟"的壮志，慨然以天下为己任，决意不顾荣辱毁誉，坚持除弊革新的机会；明知变法会招致守旧派的怨恨与报复，但为了国家社稷，张居正毫不妥协。他这种胸怀天下、不顾个人安危的精神值得后世景仰。

◎史海撷英

内阁首辅

　　首辅是明代对首席大学士的习称，设置于建文四年（1402年）八月。明中期后，大学士又成为实际上的宰相，称之为"辅臣"，称首席大学士为"首辅"，或称"首揆"、"元辅"。嘉靖、隆庆和万历初期，首辅、次辅界限严格。首辅职权最重，主持内阁大政，权力最大，内阁中亦争夺剧烈，次辅不敢与较。清代领班军机大臣之权极重，亦称为首辅。

◎文苑拾萃

谒岳庙

（明）张居正

炎州标灵岳，岿然奠南极。

兴云翊帝工，荫峰直轸域。

于秋俨庙貌，邦典祀有秩。

我来叩幽秘，跻云屡登陟。

斋心肃永夜，盼蟹如可即。

仿佛遘真侣，排空假羽翼。

授我玉柞药，光耀有五色。

瑶草吐云英，金书启石室。

顾惭尘土躯，恐负心所忆。

愿言藉神休，精诚倘能值。

冯子材年迈请缨赴战场

◎大丈夫不为情死，不为病死，当乎杀国仇以死。——黄兴

冯子材（1818—1903），晚清抗法名将，字南干，号萃亭，广西博白县人，生于广东钦州（今属广西）。早年曾参加天地会起义，后受清政府"招安"，镇压太平军，升至提督。1882年（光绪八年）称病退职。1884年法军进犯滇桂边境时，以广东高、雷、廉、琼四府团练督办参加抗战。

1881年，冯子材回到广西提督任上，但这时境遇已非昔日可比。当政权要刘坤一对他排挤打击，广西巡抚徐延旭也因为他曾经弹劾过自己，上任伊始，就把他的侄子冯兆金撤职斥退，向他示威。这位65岁的老将，终于怀着"为有老羆卧当道，肯教牧马渡临洮"的愤戚心情解甲归乡。但是，他的家乡钦州毗邻越南，法国侵略军步步进逼，窥视祖国南疆的消息不断传入他的耳中，"骑驴长啸返江乡，闲看时贤补时局"，他忧心国事，多次派人深入越境，探听法人虚实。

1883年12月，法国侵略军悍然向驻扎在北圻的中国军队发起进攻，中法战争正式开始。1884年3月，北宁失守，前线指挥官、广西提督黄桂兰畏罪自杀。清政府手忙脚乱，匆匆调兵遣将之余，才想起这位熟悉边情的老将。最初李鸿章认为他年老血衰，不是法军对手，只给了他一个督办高、雷、廉、琼四府25州县团练的名义。冯子材在一无实权、二无饷源的情况下，几个月间，成立了9个州县的团练，其中他亲自挑选和训练的500名钦州练勇成为日后"萃军"的骨干。

同年5月，张之洞署理两广总督。冯子材主动上书，要求统率1.5万军队，从钦州进入越南东北的广安、海阳，开辟陆路第三战场。张之洞很欣赏这个建议，同意他编成18营军队，准备开赴越南作战。

冯子材整装出发之际，抗法前线的形势陡然恶化。1885年1月底，法军主力7000余人在船头一带向广西边境大举进军。2月13日，法军占领战略要地谅山。23日，守卫文渊的清军将领杨玉科中炮牺牲，部下溃散。法军乘势侵占镇南关，前锋深入我国境内20余里。25日，法军由于兵力不足，补给困难，炸毁镇南关城墙及附近工事，退回文渊，还在关址废墟上立一木牌，上书："广西的门户已不再存在了。"

就在这个时候，冯子材率军赶到前线，毅然担负起保卫祖国西南边疆的重任。行前，他祭别祖先，嘱托家人：万一军有不利，百粤就非我所有，要带家眷、奉香火驰归江南祖籍，永为中国民，免得受外人奴役。他还把两个儿子带在身边，准备万一战死沙场，好料理后事。当时前线清军的状况也确实不容乐观。法军攻占镇南关的当天，前敌总指挥潘鼎新一口气逃到距镇南关百里之遥的海村，放弃了指挥责任，其他各路将领又龃龉频生，不服调度，散兵游勇四处劫掠，老幼难民蔽江而下，关内震动。冯子材以七旬高龄，素孚众望，召集各路将领开会，劝告大家消除派系成见，以国事为重，同心协力保卫国家。在会上他被众将公推担任前敌主帅。

2月25日，冯军进驻凭祥，预备与法军决一胜负。尽管法国侵略军势焰正高，但不难看出他们面临许多困难：远离后方补给基地，失去了游弋于江河中的炮艇火力的支援，兵办也很薄弱，能战之兵只有四五千人。而清军这时已集结了包括大批生力军在内的部队2万余人，背靠后方补给基地——龙州，士气日渐高昂。冯子材分析了敌我双方情况，又亲临前线，遍勘从板山到幕府的各处山隘，最后确定以镇南关北8里的关前隘作为预设战场。关前隘是一个两面有高山屏障，地势、地形由北向南倾斜、收缩的山谷。冯子材命令部队在东西两岭之间构筑了一道3里多长的土石长墙，高约7尺，宽约4尺，墙外挖掘4尺宽的深堑，并在东西岭上修筑堡垒多座，构成一个较完整的山地防御体系。在兵力配置上，冯子材把士气高、战斗力强的"萃军"和"勤军"

放在主阵地上，又在左、右两翼派了较强的兵力防止法军迂回龙州，最后以强大的预备队驻幕府、凭祥，随时准备投入反攻。到这时，冯子材才放心地说："我可以立于不败之地了！"

3月9日，法军一部企图绕过镇南关，经扣波进占芄封、牧马，威胁龙州。冯子材根据越南民众提供的情报，派"萃军"五营前往扣波，派苏元春和魏纲部前往牧马，阻住法军通道。

3月21日，冯子材为了打乱正在集结的法军部队的进攻部署，决定诱敌入瓮，率王孝祺部出关夜袭法军前哨据点文渊，一度冲入街心，毙伤不少敌人，击毁炮台两座。清军的主动出击，使法军指挥官尼格里感到非常丢脸，为了捞回面子，他不待援军到齐，仓促决定提前发起攻击。

3月23日晨，法军1000余人趁大雾偷偷进入镇南关。上午10时30分，主力沿东岭前进，另一路顺关前隘谷地前进，企图在主力夺取大青山顶峰堡垒后，前后夹击关前隘清军阵地。冯子材立即商请驻于幕府的苏元春部应援，又通知王德榜部从侧后截击敌人。他自率所部与王孝祺部坚守长墙，拼死顶住法军进攻。几小时后，法军在炮队的猛烈炮火掩护下，夺占了小青山的3座尚未完工的堡垒，威胁清军正面阵地侧翼安全。冯子材激昂高呼："法军再入关，有何面目见粤民？"坚持不退。至下午4时许，苏元春、陈嘉、蒋宗汉、方友升部相继赶来，稳住了阵脚。入夜，冯子材趁法军停止进攻，迅速调整了作战部署，充实了前沿阵地的兵力，还飞檄调遣驻扣波的五营"萃军"袭击法军左翼。

3月24日晨，大雾迷茫。法军指挥官尼格里首先派兵一部偷袭大青山顶的大堡，企图控制东岭制高点，但因地形险峻难行，不得不原路退回。上午11时，尼格里见山顶久无动静，以为偷袭成功，便以重炮猛轰长墙，掩护沿谷地推进的法军猛攻关前隘阵地。冯子材号令全军：有进无退！待敌人接近长墙时，他大喝一声，持矛与两个儿子跃出长墙，冲入敌阵，与敌展开白刃搏斗。全军将士也一齐大开栅门，向敌人冲去。中午，从扣波赶来的五营"萃军"由摩沙冲进龙门关，突然出现在法军侧后。法军遭到意想不到的打击，狼狈退回谷地。与此同时，陈嘉、蒋宗汉部反复争夺法军占领的小青山3座堡垒。傍晚，王德榜部抄袭同登，牵制法军预备队及消灭其运输队后，从关外夹击法军右侧后，配合东岭守军夺回全部堡垒。守卫西岭的王孝祺部也在击退法军进攻后，包抄敌后。到这时，法军三面受敌，伤亡惨重，后援不继，开始全线溃散，逃回文渊。

为了继续扩大战果，不给敌人以喘息之机，3月26日，冯子材率"萃军"和"勤军"出袭文渊，还通知王德榜部由小路抄袭其右翼。文渊之敌本是惊弓之鸟，与冯军战不多时，头目中弹落马，余部溃散，冯子材乘势克复文渊州。

尼格里为了等待援军，挽回败局，决定固守谅山。他以主力扼守驱驴北面的高地，以确保驱驴，屏蔽谅山；另以一部兵力配置在淇江（今奇穷河）南岸，分守通向谷松、屯梅的交通要道，留下老弱残兵驻守谅山城垣堡垒。冯子材深知清军攻击能力不强，待法军布置妥当，谅山便很难攻取，便与苏元春、王孝祺密商，定下"正兵明攻驱驴，奇兵暗取谅山"之计。3月27日，他派杨瑞山部间道夜行，散伏于谅山城外。28日，冯子材率各部分三路逼攻驱驴。下午，尼格里在激战中胸部负重伤，副手爱尔明加下令全军退往淇江南岸，清军乘势冲进驱驴。谅山守敌在慌乱中砍断浮桥，一部分法军不得不泅水逃命，溺死很多，大批装备物资也丢弃不顾。29日拂晓，杨瑞山部乘乱冲入谅山，法军残部狼狈逃窜。清军乘胜追击，至31日，尽复船头、郎甲以北的许多城镇。

镇南关大捷是中法战争中的最后一次战役。年近七旬的老将冯子材，依靠高超的指挥艺术和广大爱国将士、民众的支持，粉碎了法军击溃清军主力的打算，保卫了国家领土的完整。从政治上看，导致了法国内部矛盾的激化，迫使茹费理内阁倒台，在近代中外历史上都产生了重大的影响。

◎故事感悟

冯子材没有因朝廷的排挤打压而心怀怨恨，当法军入侵我国边境时，他虽已有70岁高龄，仍然跨上战马，奔赴前线。在战斗中，他指挥英明，亲自上阵杀敌，为了打退法军的侵略，将生死置之度外。他这种顾全大局、誓死保卫国家的精神值得后人缅怀。

◎史海撷英

中法战争

1883年12月至1885年4月（光绪九年十一月至十一年二月），由于法国侵略越南并进而侵略中国而引起的一次战争。第一阶段战场在越南北部；第二阶段扩大到中国东南沿海。战争双方在军事上互有胜负，由于清朝统治者的腐朽昏庸，最后法国强迫清政府签订了丧权辱国的不平等条约。当时人称："法国不胜而胜，中国不败而败。"

◎文苑拾萃

吊冯子材

田 汉

泥桥岭畔古城东，且驻征车吊萃翁。

松啸如闻嘶战马，花香端合献英雄。

扶妖江左成遗憾，抗法南关有大功。

近百年来多痛史，论人应不失刘冯。

群众支援淮海战役顾大局

◎淮海战役的胜利，是人民群众用小车推出来的！——陈毅

1948年11月，淮海战役打响，一些年轻人怀着满腔热血，扛着一条条扁担，义无反顾地参加了支前队伍。

当时支前的民工称为民工大队，主要负责支前运输工作，包括组织民工为前方部队运输粮食和军需物资、用担架运送伤员、为部队做"挑夫"等。

当时的支前运输人员的情况分为三种，第一种是临时民工，第二种是随军常备民工，第三种是二线常备民工。随军常备民工又称"出夫"，期限是几个月，吃睡都和军队在一起。

队伍打到哪里，他们就跟到哪里。一接到上级传达的战斗命令，部队就要马不停蹄地行军。由于白天有敌机轰炸，部队通常是夜间行军，一宿能走50多公里。

夜间行军是没有任何照明工具的，有时候好几支部队同时行军，为了分辨各自的部队，先遣部队会用石灰粉沿路做各自的标记。这样，即使有人掉队，也可以根据标记追赶自己的队伍。据说标记很简单，一般是圆圈、方块之类的，国民党军队即使看到了，也不知道该怎么分辨。

经过一夜的行军，天亮后，部队就在老百姓家休息，或者找地方隐蔽。每当部队到某村驻扎时，团长都会命令大家用热水烫脚。

行军路上吃的粮食是由支前小车队从后方运来的，沿途的老百姓也会提供。通常吃的都是窝窝头、煎饼之类的粗粮，偶尔能吃上一顿馒头片。遇到粮食供应不上的时候，饥饿的民工们就去找一些菜叶、地瓜叶子吃。

1948年12月，徐州解放。原驻徐州的国民党军队在撤离前炸毁了徐州以北的一座铁路桥，影响到前线部队急需的粮食、弹药和物资的运输。为保证部队顺利按时通过，上级下达命令，要求5天内修好铁路桥。附近地区的党政机关派人动员群众，把过去破坏铁路时保存的枕木、铁轨等收集起来。当地群众积极响应，纷纷拿出保存的零部件，抬着铁轨，迅速运到抢修现场。

铁路桥长约百米，为了避开敌机的轰炸，抢修人员只能趁夜晚突击抢修。那时正是冬天，天气非常冷，他们跳到齐胸深的冰水里，干一会儿腿就冻得不听使唤了。为了保证抢修人员的体力，提高抢修速度，抢修队伍分成了几个小组，每隔半个多小时轮换一组，上岸的人往往会冻得浑身打哆嗦。经过三宿的艰苦奋战，他们提前完成了铁路桥的抢修任务。

11月中旬，我军向被包围在碾庄地区的黄百韬兵团展开猛攻，不到10天时间就消灭了12万敌人，击毙了黄百韬，取得了淮海战役第一阶段的重大胜利。

淮海战役的胜利，是人民群众用小车推出来的。事实的确如此，解放军打到哪里，小车就把粮食推到哪里，非常感人。

淮海战役期间，前线部队每天需要大量的粮食，几乎都是支前民工用一辆辆小车从后方运来的。民工支前热情非常高，小车队顺着蜿蜒曲折的山路排成了长龙，很壮观。木制独轮小推车一次可以推100公斤的粮食或者弹药，通常是两个人一组，道路平坦时两个人轮换着推，遇到崎岖的山路时就需要一人在前拉一人在后推。

平时还好说，如果碰到阴雨天气，那麻烦就大了。有一次，下了好几天的雨，路面被雨水泡得软绵绵的，一脚踩下去，泥水就能没到脚脖，抬脚时鞋子都粘到泥里了。遇到那种天气，人们挑着扁担还好说，可是却苦了推车的兄弟们。由于车负辎重，天黑路滑，每前进一步，都要费很大的气力。遇到大一点的沟壑，就得五六个人合力将小车抬过去。为了不掉队，大家过了沟就飞跑，直跑得汗流浃背，停下后不久，被汗水浸透的衣服就会结成冰，寒冷像一把利刃，直往骨缝里刺。

当年11月下旬时，天寒地冻，为了让战士们吃上热乎乎的窝窝头，很多民工把自己的棉衣和棉被盖在窝窝头上保温，身穿单衣就急急地推着小车赶路。民工们把粮食送到部队后就急着往回赶，部队首长向他们表示感谢，民工们通常都只是憨厚地笑笑说一句"一切都是为了胜利"。

那时候，老百姓提出了"一切为了支援前线"的口号，不但推小车的民工，就连农村妇女也都在踊跃支前。为了不让子弟兵受冻，妇女们不分昼夜地缝制棉衣、棉被、军鞋，甚至把自己的棉衣棉被拆了给子弟兵做军衣、军鞋。许多妇女还把"将革命进行到底"、"为人民杀敌立功"、"立功光荣"等口号绣在鞋上，送到前线，鼓励解放军战士奋勇杀敌。

正是依靠人民群众的伟大力量，人民解放军才有了取得淮海战役最后胜利的根本保证，造就了淮海战役以少胜多的奇迹。

◎故事感悟

淮海战役中，解放军沿途经过村庄、城市，老百姓充满了高涨的热情，积极支援前线，送粮送水，抢救伤员。老百姓这种大公无私、顾全大局的行为，是促成淮海战役胜利的基本要素之一。

◎史海撷英

淮海战役

淮海战役，自1948年11月6日开始，至1949年1月10日结束，共分三个阶段。这是解放战争时期中国人民解放军华东、中原野战军在以徐州为中心，东起海州，西至商丘，北起临城（今枣庄市薛城），南达淮河的广大地区，对国民党军进行的第二个战略性进攻战役。淮海战役是三大战役中解放军牺牲最多、歼敌数量最众、政治影响最大、战争样式最复杂的战役。

◎文苑拾萃

沁园春·淮海战役

粟 裕

作战方针，攻城打援，首占开封。又俘区寿年，再创敌援；战局过坳，敌转守势。兖济解放，涂海动摇，横扫江淮在目前。十月节，我雄师南挥，割首歼碾庄百韬，看涂双翁鳖哪里逃。笑纬国东援，损失徒劳；双堆黄维，称蒋明日派。覆灭于后，杜氏将军，全部出动突破埋伏圈也难逃。时迫矣，灭蒋家王朝，就在今宵。

烈火中的战士

◎身既死兮神以灵，魂魄毅兮为鬼雄！——屈原

> 邱少云（1926—1952），四川省铜梁县（现重庆市铜梁县）人，农民家庭出身，革命烈士。1949年12月25日参军。抗美援朝战争期间，在一次执行潜伏任务时，他不幸被敌人燃烧弹击中，全身被火焰燃烧。但邱少云为了不暴露目标，趴在火中，纹丝不动，直至光荣牺牲。荣获抗美援朝战争特等功、金星勋章、一级国旗勋章、被授予中国人民志愿军一级英雄、朝鲜民主主义共和国英雄称号。

新中国成立前，邱少云的父母都是贫苦的农民，全家六口人靠一块巴掌大的土地过活。邱少云的父亲不得不去帮船主拉纤运货，拼命干活，最后被可恶的船主害死。邱少云13岁那年，母亲也离开了人世，两个小弟弟送给了人家，邱少云和哥哥被迫去给地主扛长活，后又被抓了壮丁。

1949年，四川解放了，解放军从壮丁营中救出了邱少云。就在这一年12月25日，满怀感激之情的邱少云参加了中国人民解放军。

1951年3月25日，邱少云作为中国人民志愿军的一员，跨过了鸭绿江。

到朝鲜后不久的一天，部队在一个村庄休整，正遇上敌人的飞机轰炸，整个村庄立刻成了一片火海，战士们立即投入了抢救工作。邱少云不顾生命危险冲进了一间燃烧着的窝棚，只见里面一位妇女已经惨死，邱少云抱起死者身边的两个可怜的孩子冲出了火海……目睹美帝国主义的侵略暴行，邱少云胸中充满了愤怒的火焰。他下决心，要为打败美国侵略者贡献自己的一切。

1952年10月，邱少云所在的连队接受了一项光荣而艰巨的任务，消灭平

康和金化之间的三九一高地的敌军。然而三九一高地地形独特，易守难攻。在敌军和我军阵地之间还有3000多米宽的开阔地，是敌人的炮火封锁区。在这样长距离的炮火下冲击，必会导致我军较大伤亡，影响战斗的顺利进行。上级决定采用隐蔽作战，在发起攻击的前一天夜里，把部队潜伏在敌人阵地的前沿，打敌人一个措手不及。要使几百人在敌人眼皮底下隐蔽20多个小时而不能有一个暴露目标，这个任务何等艰巨。邱少云和他的战友们毫不畏惧，争相请战。临行前，邱少云立下了钢铁誓言：为了战斗的胜利，甘愿献出自己的一切。

深夜，500多名身披伪装草网的战士，以迅雷不及掩耳的速度在那蒿草丛生的开阔地埋伏了下来。

11日清晨，在进攻该高地之前，几架敌机朝着志愿军的阵地投下燃烧弹。有一颗燃烧弹落在了离邱少云两米远的草地上。不一会儿，插在邱少云腿上的蒿草被点着了，火苗在升腾。在邱少云后边，就是一条水沟，只要往沟里一滚，就可以把火扑灭。然而，这样就会把目标暴露给敌人，整个战斗部署将前功尽弃，500多战友将面临巨大的危险。后方的指挥员对此心急如焚。好一个钢铁战士邱少云，任凭火焰越烧越猛，他强忍着常人难以想象的巨大痛楚，以超常的毅力，咬紧牙关，纹丝不动。火烧得更大了。周围的战友甚至能闻到肉体烧焦的味道，而邱少云仍旧静静地趴在那里，直到火焰整个将他吞噬……

为了全体战友的安全，为了战斗的最后胜利，邱少云献出了自己宝贵的生命。

黄昏来临，出击的时间到了。战友们怀着满腔仇恨，高呼着为战友报仇的口号，排山倒海般地向敌人冲去。经过激烈的战斗，敌人全部被消灭，三九一高地上飘扬起胜利的旗帜。

战斗结束后，同志们在邱少云潜伏的位置上，看见他用双手在地上抠出的深深的土坑……

1952年11月6日，中国人民志愿军决定为邱少云追记特等功。1953年6月，他获得"一级英雄"称号。1953年6月25日，朝鲜民主主义人民共和国最高人民会议常任委员会授予邱少云"朝鲜民主主义人民共和国英雄"称号，同时授予他金星奖章，一级国旗勋章。

◎故事感悟

　　邱少云在被燃烧弹击中后，为顾全大局，不暴露目标，不影响整体战斗部署，他忍着被熊熊烈火灼烧的痛苦，始终趴在火中，纹丝不动，直至光荣牺牲，用自己的生命换取了整场战斗的胜利。烈火中涅槃的不只是邱少云的生命，还有他顾全大局、甘愿身死的精神。

◎史海撷英

抗美援朝战争

　　抗美援朝战争是20世纪50年代初，中国人民志愿军奉命出兵朝鲜，为援助朝鲜、保卫中国安全，与美国为首的"联合国军"发生的战争。这场战争，志愿军得到了解放军全军和中国全国人民的全力支持，得到了以苏联为首的社会主义阵营的配合。10月25日被定为抗美援朝纪念日。

◎文苑拾萃

咏邱少云烈士

郭沫若

援朝抗美弟兄多，烈士少云事可歌。

高地名传三九一，寇军徒念阿弥陀。

戳穿纸虎功长在，缚住苍龙志不磨。

邻国金星留纪念，英雄肝胆照山河。

中华传统美德百字经
ZHONGHUACHUANTONGMEIDEBAIZIJING

抗击"非典"的故事

◎这里危险，让我来。——叶欣

> 钟南山（1936—　），福建厦门人，出生于医学世家。中国工程院院士，中华医学
> 会会长。中国治疗呼吸系统疾病的领军人物。2003年，作为中国抗击非典型肺炎的领
> 军人物，在SARS（中国民间通称为"非典型肺炎"）猖獗的非常时期，钟南山不但始
> 终在医疗最前线救死扶伤，还积极奔赴各疫区指导开展医疗工作，倡导与国际卫生组
> 织之间的密切合作，因功勋卓著，荣获全国"五一"劳动奖章，同时被广东省荣记特
> 等功，被广州市授予"抗非英雄"称号。

邓练贤：广东首位殉职医生

2003年4月21日下午5时40分，冲锋在抗击"非典"最前线而被感染的中山大学附属第三医院传染病科党支部书记邓练贤不幸逝世，终年53岁。这是广东省在抗击非典型肺炎战斗中第一位因公殉职的医生。

除夕晚上9点钟，邓练贤在家接到医院电话，称由外院转入两个危重的非典型肺炎病人。由于正值春假，突发事件发生，人员配置相对紧张，在处理方面难度大幅增加，邓练贤以传染病科党支部书记和副主任的身份，积极地挑起传染病科人员调配、组织协调的担子。作为传染病科主任医师的他十分清楚地知道这个工作的风险性，但他没有推脱，而是坚持每一个救治过程都亲力亲为，全程参与，与科室医务人员共同战斗在抢救病人的第一线。

但不幸的是，他在救治患者时却被病毒感染。在中山三院，传染科的医护人员无一幸免地染上了非典型肺炎，而病得最重的邓练贤在与病魔坚强战

斗了两个多月后离开了人世。

邓练贤曾说过的话："既然选择了做一名医生，就意味着付出，病人的需要就是我们的需要。"

叶欣：永远的白衣战士

2003年3月25日凌晨，47岁的叶欣——广东省中医院二沙分院急诊科护士长叶欣永远闭上了她美丽的双眼。

2003年春节前后，一种病因未明的非典型肺炎开始在广州一些地区流行。随着"非典"患者的急剧增多，广东省中医院当机立断，紧急抽调二沙分院急诊科部分护士增援位于市中心的院本部。二沙急诊科护士力量出现了明显的不足。叶欣身先士卒，从2月8日便开始加班。这是一场艰难的阻击战，当一批批患者从死亡线上被拉回来时，持续作战的叶欣却倒在了她最热爱的岗位上。

在叶欣的办公桌上，留下了一本本厚厚的工作记录，那是用废弃的化验单背面写的工作记录。点点滴滴，记载着她在这场没有硝烟的战斗中拼搏的足迹，凝聚着她这一生对护士职业永恒的热爱与追求。

叶欣曾说过的话："这里危险，让我来！"

谢婉雯：爱心传遍香江

因救治"非典"病人而染病殉职的首位香港女医生谢婉雯，于2003年5月13日逝世后，一直为各界敬仰，并被视为香港的"南丁格尔"。其逝世唤起了港人在逆境中团结求生的精神。谢婉雯的生命永远地凝固在年轻的35岁。

5月22日，香港特区政府以最高规格仪式为无私救人、英勇抗炎而殉职的谢婉雯举行葬礼，并称颂她是"香港的女儿"。香港时任行政长官董建华发表声明说："谢婉雯医生在帮助他人时表现出高度的专业精神和勇气，我相信全港市民都不会忘记她无私的奉献。"

刘永和：用生命谱写忠诚

在举国上下如火如荼全面抗击"非典"时，山东省胶南市公安局大珠山派出所民警刘永和却离开了他曾经奋斗过的战线。

2003年5月8日下午4时，本来是刘永和与同事们交班的时间。虽然已经紧张工作了近10个小时，多病的身体早已发出抗议，但是看着较往日增多的待检车辆和人员，刘永和实在放心不下。为了加快检疫速度，防止车辆阻塞，他毅然决定放弃按时换班，继续奋战在检疫点上。

正当刘永和站在路边对箱式货车进行例常登记的时候，一场意想不到的车祸让年仅39岁的鲜活生命就这样在刹那间陨落。

这是全国公安系统第一个牺牲在抗非一线的勇士，5月22日，公安部追授刘永和为全国公安系统二级英模称号。

刘永和曾说过的话："抗击'非典'事关人民群众的生命安危，是我们人民警察的责任，我一定要到第一线去。"

范信德：人民健康好卫士

在对抗非典型肺炎疾患的战斗中，医疗战线的英雄前仆后继地用汗水和生命筑起了一道血肉堤防。这当中，运送危重非典病人而不幸染病去世的中山大学附属第二医院司机范信德就是其中的一位。这是一位普通的司机，平实的广东汉子，他用自己的行动，实现了一个共产党员"舍己为人、不怕牺牲"的铮铮誓言。

姜素椿：愿把夕阳化烈火

北京三〇二医院姜素椿教授为抗击"非典"谱写了一首动人乐章。这位古稀专家的英雄壮举感动了无数人，他在抢救"非典"患者时不幸感染，又以无私无畏的精神，在自己身上大胆试验，注射"非典"患者康复后的血清，患病仅23天就康复了。

姜素椿这种以生命挑战SARS的行动给战斗在抗击"非典"第一线的医护人员以极大的鼓舞，并在这场抗击"非典"的特殊战斗中作出了特殊的贡献。

钟南山：抗击非典最前沿的科学家

已经六十多岁的钟南山，有着中国知识分子的智慧与刚毅。说到他，广东儿乎无人不晓。

　　出身医学世家的钟南山是广东医疗卫生界首位中国工程院院士，在呼吸道疾病，特别是慢性支气管炎与哮喘病的诊治方面独树一帜。

　　突如其来的非典型肺炎，把钟南山推到了一场大战的最前线。"医德的内涵是什么？我以为主要体现于'想方设法为病人看好病'。"钟南山如此平和地诠释他的职业。

　　出身医学世家的钟南山，是位屡创医学奇迹的呼吸病专家。作为广州医学院第一附属医院呼吸病研究所所长，钟南山和同事们一道冲在救治"非典"病人的最前线。

　　历史不会忘记为防治"非典"顾全大局、无私无畏、勇于奉献的白衣战士，不会忘记站在抗击非典型肺炎最前沿的科学家们。

◎故事感悟

　　2003年，是"非典"肆虐的一年，也是白衣战士们英勇作战的一年。邓练贤、钟南山等广大的医务工作者，为了人民的生命健康，为了社会的稳定，舍小家，顾大家，始终坚持在"抗非"第一线。他们冒着被感染的危险，哪里有险情，哪里就有他们，有的人永远地倒在了"抗非"战线上。他们顾全大局，不顾个人安危，用生命奏响了生命的凯歌。

◎史海撷英

"非典"的历史

　　非典型肺炎的名称起源于20世纪80年代末，与典型肺炎相对应，后者主要为由细菌引起的大叶性肺炎或支气管肺炎。60年代，将当时发现的肺炎支原体作为非典型肺炎的主要病原体，但随后又发现了其他病原体，尤其是肺炎衣原体。目前认为，非典型肺炎的病原体主要包括肺炎支原体、肺炎衣原体、鹦鹉热衣原体、军团菌和立克次氏体（引起Q热肺炎），尤以前两者多见，几乎占每年成年人社区获得性肺炎住院患者的三分之一。这些病原体大多为细胞内寄生，没有细胞壁，因此可渗入细胞内的广谱抗生素（主要是大环内酯类和四环素类抗生素）对其治疗有效，而β－内酰胺类抗生素无效。而对于由病毒引起的非典型肺炎，抗生素是无效的。

◎文苑拾萃

病 牛

李 纲

耕犁千亩实千箱，力尽筋疲谁复伤？
但得众生皆得饱，不辞羸病卧残阳。

舍生救众的谭世明

◎一个人的生命和无产阶级永葆青春的革命事业联系在一起，那是无上的光荣。——欧阳海

> 谭世明（1980—2003），共青团员。生前为重庆市开县高桥镇初中代课教师。2003年12月23日晚11时许，当地罗家16号井突发特大井喷事故，硫化氢毒气泄漏，很多人都已睡熟。谭世明发现后，立即打电话通知高桥镇一所学校的师生及当地村民撤离，通讯中断后，他骑摩托沿山路逐一通知附近的20余户村民。得到他通知的1200余名师生和100余名村民迅速转移，他自己却壮烈牺牲。

2003年12月23日夜，重庆市开县高桥镇的川东北气矿一矿井发生井喷，高于正常值6000倍的硫化氢气体以每小时0.6米的速度蔓延。24岁的高桥初中代课教师谭世明第一时间电话通知学校撤退。随后，他开始逐一通知邻居和朋友们。此后，安全撤退的师生们再也没有见过谭世明。

这是一场死亡243人的重大灾难，谭世明是一名普通教师，在这场突如其来的灾难面前，他的第一反应是什么——迎着死神冲上去！

"快！快！组织学生撤离！罗家16号井出事了！"晚上11点10分，开县高桥镇初级中学的邓校长突然接到一个急促的电话。中石油川东北气矿罗家"16H"井发生井喷事故，含有大量剧毒硫化氢的天然气正迅速扩散，逼近周围四个乡镇的群众。家住在附近的教师谭世明最先发现了灾难降临。

高桥中学距井喷地直线距离不到1000米，全校有1200多名寄宿学生。邓校长迅速冲进操场，看了一下国旗飘动的方向，当即决定逆风撤离。

而此时，在黑夜的山区中，在含有剧毒的空气里，谭世明正频频拨打报

警电话。通讯中断后，他又骑着摩托车奔跑在崎岖的山路上，挨家挨户地叫醒熟睡的父老乡亲。他顾不上深山凛冽的寒风，也顾不上毒气给自己的生命带来的威胁，此时的他只有一个想法，尽最大努力让更多的人赶快醒来，使更多的人赶快撤离！

时间在一分一秒地过去，硫化氢毒气是无情的。从谭世明打出第一个报警电话到和学校最后一次联系，他在最危险的地区呆的时间超过了7个小时。在通知完自己周围的单位和群众后，他才想起回家背上体弱多病的父亲，但没走几步，他再也支撑不住……倒下了，和父亲拥在一起，倒在自家门前。

压井成功后，搜寻工作人员发现了谭世明的遗体。他右手紧握着自己的手机，左手拿着一块湿毛巾，人们在手机里查到，在10分钟内连续有7个通话记录，正是这7个电话，让他失去了最后的逃生时间；也正因为这10分钟，让谭世明的爷爷、奶奶、爸爸、妈妈与他一同离开了人世。

当时，谭世明已清楚知道事态的严重性，却丝毫没有退缩，把死的威胁留给了自己。

谭世明走了。年仅22岁的谭世明刚刚任教两年，还只是一名没有正式编制的代课老师。他的呼号拯救了学校1200名学生和镇里100多口人，而家中的爷爷、奶奶等8位亲人却因为没得到及时通知，在睡梦中了离开了人世。

事后，被他通知转移的村民廖谋艾声泪俱下："没有谭老师，我家15口人哪有性命？我们能活下来都是他喊来的，他才20出头啊！"

正是有这样尽心尽责的教师，在特大井喷事故中，灾区的在校住宿生没有一个伤亡。

◎故事感悟

谭世明在"井喷"灾难中，在生与死的考验面前，首先想到的是广大学生的安危。他舍生忘死，保护了广大学生的生命安全，谱写了一曲人民教师为人师表、无私奉献的时代乐章。他顾全大局、甘愿自我牺牲的高尚师德，也赢得了人们由衷的钦佩。

◎文苑拾萃

蜂

（唐）罗隐

不论平地与山尖，无限风光尽被占。

采得百花成蜜后，为谁辛苦为谁甜？

三退三出的外交官

◎常思奋不顾身，以殉国家之急。——司马迁

> 孙必干（1941— ），湖北武汉人，1965年北京外国语大学毕业后入外交部。1965年至1967年在叙利亚大马士革大学留学，曾在中国驻也门、利比亚使馆工作。1986年任外交部亚非司副司长。1989年至2002年先后任中国驻沙特、伊拉克、伊朗大使。2003年1月退休。2003年任中国驻伊拉克大使馆复馆小组组长。2006年4月至2009年4月任中国中东问题特使。

　　2004年7月9日，7名中国外交人员和6名武警官兵在伊拉克曼苏尔饭店的一间普通房间里展开了一面崭新的五星红旗，庆祝中国驻伊使馆正式复馆。虽然这只是一个简单的仪式，但对孙必干领导的中国复馆小组来说，却是一个来之不易的日子。

　　2003年3月20日伊拉克战争爆发；5月，美军宣布结束对伊拉克为期40多天的大规模军事打击；6月，中国政府开始着手进行驻伊使馆的复馆工作。当时，已退休半年的孙必干临危受命，接受了这项任务。

　　1965年从北京外国语大学阿拉伯语系毕业后，孙必干进入外交部亚非司工作。此后，他曾长年在叙利亚、也门、利比亚、沙特等国学习和工作，并从1990年起开始担任驻沙特、伊拉克、伊朗大使和伊拉克复馆小组组长、中东问题特使等职。阴差阳错也好，命中注定也罢，从接触阿拉伯语的第一天起到2009年3月的第三次退休，孙必干与中东结下了近半个世纪的不解之缘。几十年间，他数十次出访中东各国，足迹遍布阿拉伯世界的每一个角落，与

当地人民建立起了深厚的友谊。如今，他已退休，可以赋闲在家安享晚年，但仍不忘每天上网关注中东局势，因为这份难以割舍的中东情缘已经深深融进了他的血液，并将伴随他一生。

提起孙必干的外交生涯，人们脑海中首先出现的不是西装、宴会、谈判和斡旋，而是中东的战火、海湾的轰炸和两伊的枪声。从1971年首次赴外常驻开始，隆隆的枪炮声就一直"伴随"在他的左右。他先后经历了20世纪70年代也门的五次政变和两次总统遇害事件；见证了80年代美国B－52重型轰炸机对利比亚的低空轰炸；目睹了90年代海湾战争期间伊拉克"飞毛腿"导弹的巨大威力；更在2003年伊拉克复馆期间体验了枪声中入睡、炮声中醒来的滋味，并第一次真正闻到了死亡的"气息"……

2002年底，奔波多年的孙必干终于退休回家，得以照顾年近九旬的父母、陪伴可爱的孙女和安享晚年之乐。然而，他尚未得暇细细品味这难得的闲适生活，就又接到了新的任务，率复馆小组赴伊拉克实地考察并启动复馆工作。

此时的伊拉克刚刚经历过美军40多天的炮火洗礼，硝烟未散、满目疮痍。前方凶险的环境、恶劣的条件、混乱的局势和工作的难度都可想而知，这对复馆小组干部的勇气、智慧和体力是一次全方位的考验。

花甲之年的孙必干本可以以年龄、身体和家庭等理由选择放弃，但他深知此行对于中央尽快了解当地最新局势、恢复经济合作以及与伊拉克新政府建立联系的重要性，而自己曾担任过驻伊大使，具有丰富的外事经验和人脉资源，是担任复馆小组组长的最佳人选。国家的利益高于一切，因此他说服家人、辞别父母，毅然挺身而出，带病赴任。

从孙大使本人到复馆小组的每一位成员，都自抵伊第一天起就不断经受着一次又一次的生死考验，不仅目睹过几次近距离爆炸，而且多次体验到了劫后余生的喜悦。

安全固然重要，但孙大使在参加某些重要外事活动时，常常出于得体和礼貌的考虑，坚持不穿防弹衣，赢得了外国友人的赞叹和敬佩。在他的影响感召下，复馆小组的同志们在"战略"上藐视危险，在"战术"上重视安全，在工作中表现得异常坚定、勇敢和团结，圆满完成了艰巨的复馆任务。

回国后，面对国家和人民给予的崇高荣誉和礼赞，孙大使没有更多的豪言壮语，只是淡淡地表示"我只做了自己应该做的事情"，而这句话也正是他内心真实的写照。

此后，第二次退休的他又于2006年4月再度"出山"，荣任中东问题特使，频繁奔波于中东各国达3年之久。

如今，第三次退休的孙必干翻开了人生的又一页，而这也许又是一次新的开始……

◎故事感悟

一位年过花甲的老人，一位上有老父母、下有儿孙的老人，一位为国家奔波一辈子的老人，当国家需要他时，又义无反顾地踏上了征程，在硝烟、炮火中代表祖国，执行着自己的使命，大仁大义，大智大勇。有此志士，国家幸甚！

◎史海撷英

伊拉克战争

伊拉克战争又称美伊战争，是美国因伊拉克拥有大规模杀伤性武器（疑似）而发动的全面战争。2003年3月20日，以美国和英国为主的联合部队正式宣布对伊拉克开战。澳大利亚和波兰的军队也参与了此次联合军事行动。而战争结束后，美国宣称尚未发现传说中的"大规模杀伤性武器"。

这次战争，使伊拉克蒙受了极大的灾难。

顾大局韦粲赴难

◎百年富贵今谁见，一代功名托至公。——陈师道:《后山集》

韦粲（496—549），字长蒨。车骑将军韦睿之孙，北徐州刺史韦放之子也。有父风，好学仗气，身长八尺，容貌甚伟。初为云麾晋安王行参军，俄署法曹，迁外兵参军，兼中兵。时颍川庾仲容、吴郡张率，前辈知名，与粲同府，并忘年交好。及王迁镇雍州，随转记室，兼中兵如故。王立为皇太子，粲迁步兵校尉，入为东宫领直，丁父忧去职。寻起为招远将军，复为领直。服阕，袭爵永昌县侯，除安西湘东王谘议，累迁太子仆、左卫率，领直并如故。粲以旧恩，任寄稠密，虽居职屡徙，常留宿卫。在侯景之乱中战死。

侯景起兵反叛，攻打马头、木栅、荆山等城堡。梁武帝萧衍委派安前将军、开府仪同三司邵陵王萧纶统领各军讨伐侯景。赦免南豫州囚徒。九月丙寅，加授左光禄大夫元罗为镇右将军。冬十月，侯景袭击谯州，捉住刺史萧泰。丁未，侯景进军攻打历阳，太守庄铁投降侯景。戊申，任命新任光禄大夫临贺王萧正德为平北将军，统领京城各军，驻守丹阳郡。己酉，侯景从横江渡江到采石。辛亥，侯景的军队到达京城，临贺王萧正德率领军队归附贼军。

梁武帝萧衍征调衡州刺史韦粲担任散骑常侍，当他返回庐陵时，听到河南王侯景叛乱的消息。他立即从自己的军队中选拔出5000名精兵，倍道兼程地奔赴建康，援救朝廷。

他到达豫章，听说侯景已经出了横江，便找内史刘孝仪商议。刘孝仪设酒宴款待韦粲，他喝着酒，漫不经心地说:"侯景造反，这可能吗? 主上为什么没有下达诏令?"

韦粲严肃地说:"叛贼已经逼近皇宫,水陆交通断绝,主上怎么下达诏令?"

刘孝仪摆摆手说:"传言,都是传言,我们不能轻信传言,自相惊扰。"

韦粲勃然大怒,他把酒杯狠狠一摔,大声说:"国家有难,难道我们能心安理得地坐在这儿喝酒吗?"

说罢,他骑马离开去部署自己的军队。正好担任江州刺史的当阳公萧大心来邀请他,他立即前去会见萧大心。萧大心派中兵柳昕和他一道出发。他们到达南洲时,他的表弟、司州刺史柳仲礼也率领一万多步兵和骑兵到达横江。韦粲很高兴,他向柳仲礼提供粮食、武器,还拿出自己的钱财奖励柳仲礼的官兵。

梁武帝太清二年(548年)十一月三十日,韦粲、柳仲礼和宣猛将军李孝钦、前司州刺史羊鸦仁、南陵太守陈文彻、西豫州刺史裴之高等人会合在一起,驻扎在新林的王游苑。韦粲提议由柳仲礼担任大都督,统领各军。但裴之高认为自己的年龄、地位都比别人高,不同意韦粲的意见。他们讨论了几日,也决定不下来。韦粲激动地对大家说:"我们是共赴国难,意在铲除叛贼。我为什么推举柳司州?因为他长期镇守边境,侯景怕他。况且他兵强马壮,没人能比得上。要是论年龄、资格,他还不如我。今日的形势,贵在将和。裴公德高望重,怎能感情用事呢?"

他又一个人专程来到裴之高的军营,恳切地说:"裴公,主上和太子危在旦夕,我们做臣子的应当同心协力,不可相互争斗。裴豫州一定要与大家离心离德,我们只好兵刃相见。"

裴之高这才流着眼泪向韦粲道歉。于是,大家共同推举柳仲礼担任大都督。韦粲一切从大局出发的精神颇使人们感动。

◎故事感慨

在国家面临生死存亡的重大时刻,韦粲从大局出发,维护众将团结,共同对敌,虽然最后的结果不尽如人意,但这种精神却令人佩服。

◎史海撷英

梁武帝萧衍之死

　　459年春，柳仲礼率领军队分别占据南岸。这天，贼人在青塘渡过军队，偷袭攻下韦粲的营垒，韦粲战死。庚申，邵陵王萧纶、东扬州刺史临成公大连等人率领兵士聚集在南岸。乙丑，中领军朱异去世。丙寅，任命司农卿傅岐为中领军。高州刺史李迁仕、天门太守樊文皎进军到青溪以东，被贼军打败，樊文皎战死。南兖州刺史南康王会理、前青冀二州刺史湘潭侯萧退率领江州的军队，停留在兰亭苑。前司州刺史羊鸦仁等人进军到东府的北面，同贼军交战，大败。侯景军攻占宫城，放纵兵士大肆掳掠。侯景自称为都督中外诸军事、大丞相、录尚书。萧衍因所求取的需用不能供给，忧虑气愤而患病。这月，青、冀二州刺史明少遐、东徐州刺史湛海珍、北青州刺史王奉伯各自献出州城依附魏国。五月，萧衍在净居殿逝世，时年86岁。冬十一月，追尊大行皇帝为武皇帝，庙号为高祖。乙卯，安葬在修陵。

◎文苑拾萃

东飞伯劳歌

（南朝·梁）萧衍

东飞伯劳西飞燕，黄姑织女时相见。
谁家女儿对门居，开颜发艳照里闾。
南窗北牖挂明光，罗帷绮帐脂粉香。
女儿年几十五六，窈窕无双颜如玉。
三春已暮花从风，空留可怜与谁同。

识大体孤军胜百济

◎忧国者不顾其身，爱民者不罔其上。——林逋《省心录》

> 刘仁轨（601—685），字正则。汴州尉氏人（今河南省尉氏县张市镇前大庄二组），在此村的西边桥头有刘仁轨宰相的墓碑。唐朝大臣，著名军事将领、海军统帅。

　　龙朔元年（661年）三月，唐命左卫中郎将王文度为熊津（今韩国公州）都督，安抚百济余众，不巧王文度于渡海时死去。百济僧人道琛及故将扶余福信拥众据周留城（今韩国扶安）抗唐，又派人前往倭国（今日本）迎回故王子扶余丰，立其为国王。这时，倭国亦欲乘朝鲜半岛三国内乱之时，保住在高丽半岛上的势力，缓和国内的政治危机，遂派阿昙比罗夫率日军护送扶余丰回到百济。苏定方归国以后，道琛与扶余福信引众围攻百济府城，刘仁愿遣使告急。唐高宗诏令刘仁轨为检校带方州刺史，领王文度部众，从近道征发新罗（位朝鲜半岛东南部）兵以救援刘仁愿。刘仁轨听到这个消息，非常高兴，并说："天将富贵此翁耳！"于是选吉日而行。

　　临行前，刘仁轨发誓："拟削平辽海，颁示国家正朔，使夷俗遵奉焉。"此次，是刚满60岁的刘仁轨第一次带兵出征，鉴于没有作战经验，所以刘仁轨治军非常严明。刘仁轨率唐军转战而前，所向无敌。道琛率百济军在熊津江（即今韩国锦江）口立两道栅栏，抗拒唐军。刘仁轨率部与新罗兵四面夹击，大败百济军，士卒争入栅内。由于便桥狭窄，落水即被唐军所歼达万余人。道琛连失两栅，遂解除对刘仁愿的包围，退守任存城（在百济西部任存山）。

道琛自称领军将军，福信自称霜岑将军，招兵买马，其势愈壮，对唐军构成威胁。刘仁轨见所率唐军兵少，便与刘仁愿合兵一处，养兵蓄锐。这时，高宗又诏新罗出兵，援助刘仁轨。新罗王遂遣将军金钦率兵向百济府进发。行经古泗（今韩国泗川），遭受福信部阻击。金钦只得由葛岭道（今韩国泗川县与晋州县之间）退回，由此不敢复出。不久，福信杀死道琛，兼并其众，专制政柄，扶余丰"但主祭而已"。

龙朔二年（662年）二月，唐平壤道行军总管苏定方久攻平壤不克，又值大雪，遂解围归国。唐高宗也认为不宜再战，便下诏书指示刘仁轨："平壤军回，一城不可独固，宜拔就新罗，共其屯守。若金法敏藉卿等留镇，宜且停彼；若其不须，即宜泛海还也。"唐军将士也皆欲西归。刘仁轨客观、细致地分析了敌我双方的形势，决定坚守百济，伺机出击。他说："《春秋》之义，大夫出疆，有可以安社稷、便国家、专之可也。况在沧海之外，密迩豺狼者哉！且人臣进思尽忠，有死无贰，公家之利，知无不为。主上欲吞灭高丽，先诛百济，留兵镇守，制其心腹。虽妖孽充斥，而备预甚严，宜砺戈秣马，击其不意。彼既无备，何攻不克？战而有胜，士卒自安。然后分兵据险，开张形势，飞表闻上，更请兵船。朝廷知其有成，必当出师命将，声援才接，凶逆自歼。非直不弃成功，实亦永清海外。今平壤之军既回，熊津又拔，则百济余烬，不日更兴，高丽逋薮，何时可灭？且今以一城之地，居贼中心，如其失脚，即为亡虏。拔入新罗，又是坐客，脱不如意，悔不可追。况福信凶暴，残虐过甚，余丰猜惑，外合内离，鸱张共处，势必相害。唯宜坚守观变，乘便取之，不可动也。"众将觉得刘仁轨说得有理，皆相从。

时扶余丰与福信等也认为唐军孤城无援，即将撤退，还遣使探问："大使等何时西还，当遣相送。"从此未加防备。刘仁轨、刘仁愿知百济防卫松弛，遂七月趁其松懈，率部突袭，相继攻克支罗城（今韩国怀德）及尹城、大山、沙井等栅，歼敌及俘获甚众，分兵守之。福信等退守真岘城（今韩国镇岑县），凭借该城临江高险，又当冲要，严兵守卫。随后不久，刘仁轨伺其稍懈，率新罗兵夜至城下，驱众从四面攀草登城，天亮时占据真砚城，终于打通了从新罗运粮的道路。

刘仁愿遣使归国报捷，同时请求派兵增援。此时，唐高宗已得知倭国出兵增援百济，遂命熊津道行军总管、右威卫将军孙仁师发淄（州治今山东淄博西南）、青、莱（治益都，今属山东）、海（治朐县，今江苏连云港市西南）四州兵7000人开赴熊津。

福信等丢失真岘城后，处境日窘，又与扶余丰之间的猜忌与日俱增。福信遂装病不出，企图趁扶余丰前来问疾之时，伏兵杀之。不料此谋泄露，扶余丰便帅亲信袭杀福信，遣使分赴高丽、倭国，乞师援助。

龙朔三年（663年），倭国天智天皇以援助百济为名，令倭将毛野稚子等倾举国精锐2.7万余人向新罗发起进攻，夺取了沙鼻岐、奴江二城，切断了唐军与新罗的联系。八月，唐高宗以连年用兵海东，百姓困于征调，士卒死者甚众，诏罢36州制造船舰，并遣司元太常伯（即户部尚书）窦德玄等分赴10道，询问疾苦，黜陟官吏。九月，孙仁师率部抵达熊津，与刘仁轨、刘仁愿会师，唐军兵势大振。

唐军立即召开军事会议，商讨下一步的作战计划。会上有人认为"加林城水陆之冲，请先击之"，但刘仁轨觉得此举不妥，并提出了自己的方案，他说："加林险固，急攻则伤损战士，固守则用日持久，不如先攻周留城。周留，贼之巢穴，群凶所聚，除恶务本，须拔其源。若克周留，则诸城自下。"此举得到唐军诸将的一致认可，于是唐军分为二路：刘仁愿、孙仁师和新罗王金法敏率陆军前进；刘仁轨则与部将杜爽、百济降将扶余隆率水军与粮船从熊津江入白江而下，和陆军会合，同趋周留城（在今韩国扶安，建在白江河口上游不远处的左岸山地上，三面环山，一面临水）。

初八，孙仁师等在白江打败百济残余部队及倭兵，攻克周留城。由于周留告急，倭将庐原君臣率水军万余渡海而来，准备自白江口登陆。刘仁轨率水军率先到达白江口。二十七日，倭国水军也从海上抵达白江口，两军遭遇。当时唐朝水军为7000余人，战船170艘；倭国水军万余，战船1000多艘。倭军虽在数量上多于唐军，但唐朝因国力强盛，经济发达，所造海船以形体高大、性能良好著称于世。例如，意大利人菲勒斯著的《中世纪的中国与非洲》上记载："中国大约从公元600年开始，就能建造具有五层甲板大吨位的帆船。

中国帆船的体积很大，抗风浪的能力很强。"唐代海船之大，可见一斑。此外唐朝水军战船的种类也很多，据李靖《卫公兵法辑本·攻守战具》和李筌《太白阴经·水战具篇》记载，唐朝水军战船共有楼船、蒙冲、斗舰、走轲、游艇、海鹘六种，所以唐朝水军的战船在数量上虽处于劣势，但在质量上却远胜倭国战船。对于这次海战，中国史书记载非常简略，而日本史书则记载较为详细。

由于唐朝水军先到达白江口，加上战船精良，刘仁轨遂采取疲敌之策，先抢占有利位置，列战船于白江严阵以待。倭军到后，率先发起进攻，结果不利而退。而唐军仍坚阵而守。二十八日，日本诸将与百济王在首战败于唐水军后，仍盲目地高估自己的实力，错误地认为"我等争先，彼应自退"，于是未加整顿部署，不观天气变化，便"率日本乱伍中军之卒，进打大唐坚阵之军"。刘仁轨见倭军来攻，充分利用唐军战船的优势，指挥水军将倭军的船只左右夹住，使其不得回旋，随后再施以火攻，一时"烟焰涨天，海水皆赤"。

经过激战，唐军四战四捷，取得了辉煌的胜利：焚毁倭军战船400多艘；击毙倭将朴市田来津；扶余丰趁乱逃奔高丽，其所佩宝剑被唐军缴获；王子扶余忠胜、扶余忠志和倭军残部投降；百济诸城全部归顺，百济再次得以平定，只有迟受信据守任存城不降。

白江口海战是中国古代战争史上一次大规模的海战，因中国史书记载有限，所以鲜为人知。作战中，刘仁轨指挥有方，在兵力不如对方的情况下，先采取守势，而后因势利导，以己之长攻敌之短，最后取得了中日战争史上第一次大规模作战的胜利。陆上倭军闻此讯，大惊不已，"相谓之曰：'州柔（即周留）降矣，事无奈何。百济之名绝于今日，丘墓之所，岂可复往？'"

白江口海战的胜利，使唐军很快占领了百济全境，形成对高句丽的夹击态势。同时，也粉碎了日本侵入朝鲜半岛的野心。日本天智天皇深恐唐军进攻本土，自664年开始，在国内耗费巨资修筑了4道防线，以备唐军。此前，百济首领沙吒相如、黑齿常之平壤道行军总管苏定方回军后，招集亡散，各据险响应福信，白江口海战后，各率所部归降。刘仁轨好言安慰他们，然后让其各自率军攻打任存城，并准备派唐军相助。孙仁师认为："相如等兽心难信，若授以甲仗，是资寇兵也。"刘仁轨却不以为然，说："吾观相如、常之皆忠勇有谋，感恩之士，从我则成，背我必灭，因机立效，在于兹日，不须疑也。"于是发给黑齿常之等粮食和武器，分兵相随，遂克任存城，迟受信抛弃家属，投奔高句丽。至此，百济皆平。此时，唐高宗召刘仁愿、孙仁师回朝，令刘仁轨领兵镇守百济。百济经过多年的战乱，"合境凋残，僵尸相属"。为此，刘仁轨采取一系列措施来安定民心，恢复社会秩序：掩埋骸骨；登记户口，任命官长，治理村落；修路架桥，修补堤堰，恢复陂塘，督促百姓种田养蚕；赈济百姓，赡养孤老。这些措施很快便医治了战争所带来的创伤，使百姓安居乐业起来。然后刘仁轨又屯田积粮，训练士卒，作好了攻打高丽的准备。

◎故事感悟

刘仁轨在皇帝已下令撤军的形势下，审时度势，坚守孤城，并连续取得军事胜利，这种识大体、顾全大局的魄力和化不利为有利的能力值得后人好好学习。刘仁轨的胜利，对日本历史、朝鲜半岛历史都产生了深远的影响。

◎史海撷英

刘仁轨好学

刘仁轨出身于隋末的平民之家。由于隋炀帝杨广统治残暴，骄奢荒淫，连年大兴土木，并且不断对外用兵，繁重的徭役、兵役使得田地荒芜，民不聊生。在这种环境里，刘仁轨自幼便过着清贫的生活。虽然生活条件很艰苦，但刘仁轨却能够"恭谨好学"。从隋大业七年（611年）起，各地相继爆发了大规模的农民起义。战乱使刘仁轨无法正常谋生，很多时候都是闲在家中。但刘并没有将这些宝贵的时间浪费，而是依旧专心学习，"每行坐所在，辄书空地，由是博涉文史"。唐高祖武德初年，河南道大使、管国公任瑰曾上表论事，刘仁轨见到草稿后，便提笔改了几个字，使所奏表章焕然一新。任瑰见到表章后，惊异不已，立即将刘仁轨补息州（今河南息县）参军。不久，又转任陈仓（今陕西宝鸡市东）尉。

◎文苑拾萃

望蓟门

（唐）祖咏

燕台一去客心惊，笳鼓喧喧汉将营。

万里寒光生积雪，三边曙色动危旌。

沙场烽火连胡月，海畔云山拥蓟城。

少小虽非投笔吏，论功还欲请长缨。

顾大局朔方军易帅

◎只有秉持公正之心，才能有顾全大局之举。——格言

唐肃宗时期观军容使鱼朝恩忌恨东京留守郭子仪，总想找机会陷害他。他借邺城兵败的事情大做文章，在唐肃宗李亨面前诋毁郭子仪。李亨听信谗言，就把郭子仪召回京都，任命李光弼为朔方节度使、兵马元帅，代替郭子仪。朔方将士闻讯，个个失声痛哭，纷纷上前拦住传达命令的中使，请求把郭子仪留下来，怎么劝也劝不开。郭子仪只好哄骗将士们说："我不走。我先去为中使饯行。"将士们这才松开手。在李光弼请求下，李亨又任命赵王李系为天下兵马元帅，让李光弼改任副元帅，仍兼知诸节度行营。

李光弼率领河东镇的五百骑兵前往洛阳赴任。夜晚，他率兵进入朔方军军营。李光弼治军严整，他上任之后，朔方军的军容的确有了明显的改变。但朔方军的将士都喜欢郭子仪的宽容，惧怕李光弼的严厉。

朔方军左厢兵马使张用济屯兵河阳，李光弼发檄书召他。他私下里说："朔方军又不是叛军，干吗还要趁着夜晚进军营，显然不信任我们。"

他又暗中和其他将领商议，打算偷袭东京洛阳，赶走李光弼，把郭子仪请回来。

都知兵马使仆固怀恩劝阻说："不能这样做。邺城兵败，郭公率先退却，朝廷因此夺了他的兵权。如果现在赶走李公，硬要请回郭公，岂不是反叛吗？"

右武锋使康元宝也说："如果采取强硬的态度，硬请郭公回来，朝廷就会以为是郭公指使我们干的，这不是要郭公家破人亡吗？"

张用济这才打消了这个念头。后来，李光弼率兵东出汜水，张用济单枪匹马来晋见他。李光弼责备他接到檄书后没有及时赶到，毫不留情地将他斩首。

◎故事感悟

郭子仪所处的时代，是骄兵悍将横行无忌的时代，郭子仪以自己博大的胸怀、杰出的军事才能、良好的人际关系游刃其中，不但给自己赢得了声誉，也为后人作出了顾全大局、国事为重的表率。

◎史海撷英

郭子仪收复潼关

唐肃宗即位后，便图谋收复两京，诏令郭子仪班师。八月，郭子仪与李光弼率领步兵骑兵5万人从河北来到灵武。这时，新的朝廷刚建立，军兵少而且弱。及郭子仪、李光弼全军来到皇帝的行在，军声遂振，兴复之势才形成，人民才觉得有所希望。肃宗任命郭子仪为兵部尚书、同中书门下平章事（宰相），依旧兼任灵州大都督府长史、朔方军节度使。肃宗检阅六军，到彭原郡时，宰相房琯请求领兵1万人，自己任统帅去讨伐贼兵收复长安。皇帝平常就很重用房琯，同意了他的请求。军队开到陈涛时，被贼兵打败，丧师殆尽。刚要进行讨伐，军队就损失过半，只有依靠郭子仪的朔方军作为国家的根本。

唐肃宗求胜心切，以"克城之日，土地、士庶归唐，金帛、女子皆归回纥"的无耻条件，向回纥借兵15万，并且任命自己的儿子李豫为天下兵马大元帅，郭子仪为副元帅。他深知李豫也只配当个挂名元帅，恳切地嘱托郭子仪要全力以赴。郭子仪答道，自己准备破釜沉舟，不消灭叛军，以死谢罪。

郭子仪从房琯的失败中汲取了教训，认为要收复两京，必须先夺潼关，攻入陕州（今河南陕县），击溃潼、陕之间的叛军，截断叛军的后路，然后才能直取长安。唐肃宗同意这个意见，命令唐军按照郭子仪的军事部署去执行。贼将崔乾佑据守潼关。郭子仪在潼关大破贼兵，崔乾佑退到蒲州据守。这时，永乐尉赵复、河东司户韩旻、司土徐旻、宗子李藏锋等人，被贼兵关押在蒲州，四人密谋等王师来到时为内应。及郭子仪进攻蒲州，赵复等人杀死守城的贼兵，打开城门迎郭子仪进城。崔乾佑逃到安邑，安邑的百姓假装投降，崔乾佑的军队进城门快一半时，城上的悬门落下，打击贼兵。因崔乾佑没有进入城门，才得以脱身东逃。郭子仪遂收复陕郡的永丰仓。从此潼、陕之间不再有贼寇抄掠。

李泌为大局保韩滉

◎人能有为，则皆如舜也。——陆九渊

> 韩滉（723—787），唐画家。字太冲。长安（今陕西西安）人。贞元初，官检校左仆射同中书门下平章事。政治上要求国家统一，曾参与平定藩镇叛乱的斗争。工书法，草书得张旭笔法。画远师南朝宋陆探微，擅绘人物及农村风俗景物，摹写牛、羊、驴子等动物尤佳。所作《五牛图》，元赵孟頫赞为"神气磊落，稀世名笔"，和《文苑图》并存于世。

安史之乱后，藩镇割据，唐王朝面临战乱不已的局面，唐朝皇帝经常被赶得东奔西跑，粮食和物资供应显得格外紧张。

浙江东、西节度使韩滉不仅精明强干，而且生活节俭朴素，口碑很好。他的夫人常常穿没有花纹的绢帛做的衣裙，而且一定要穿破后才肯换新的。当唐德宗李适出奔梁州时，正是他想尽办法，保证了朝廷的粮草物资的供给。他对李适忠心耿耿，朝廷上下却有人散布谣言说："韩滉在主上外出时，召集士兵修筑石头城，分明包藏着反叛朝廷的不良用心。"

李适听说后，开始怀疑韩滉，并向左散骑常侍李泌核实。李泌回答说："韩滉公正忠实，清廉俭朴。自从陛下出行在外，他进贡的物品从未间断。而且，他镇守江东的十五个州，从没有盗贼兴起。至于修筑石头城，那是因为中原动荡不安，他是为了防备战乱的发生，无可非议。韩滉生性刚直，不肯依附权贵，所以遭到诽谤。我敢担保他没有别的用意。"

李适笑了笑，说："外面的议论很多，难道李卿没有听说？"

李泌说："我当然听说了。韩滉的儿子韩皋是考功员外郎，如今他连家都不敢回。"

李适说："连他的儿子都这样恐惧，李卿为什么还要为他担保？"

李泌回答说："韩滉的心意，我很清楚。我愿意上书，说明他没有异心，请陛下将奏章向中书省发布，使群臣都能了解此事。"

李适摇摇头说："担保一个人谈何容易。希望李卿不要和大家过不去，朕恐怕这会给李卿带来麻烦。"

李泌满不在乎，马上上书，用一家百口担保韩滉。

过了几天，李适责怪李泌说："李卿到底还是要为韩滉担保，怎么能这样不自爱呢？"

李泌说："我是为了朝廷，不是为我自己。"

"为了朝廷？"

"是呀！全国到处是旱灾蝗祸，关中的粮食储备消耗已尽，只有江东是一片丰收。希望陛下打消韩滉的疑虑，使他迅速运送粮食来，这难道不是为朝廷着想吗！"

李适听到这里，忍不住叫了一声："好！朕完全明白了。"

他立即将李泌的奏章批了下来，让韩皋马上回家，同时让他告诉韩滉："朕不相信那些流言蜚语。关中现在粮食缺乏，尽快把粮食运来。"

韩皋回家后，韩滉又惊又喜。听了李适的话，他感动得流下了眼泪。当天，韩滉亲自来到河边，发出粮食一百万斛，只准儿子在家停留五天。韩皋同母亲告别时，哭声让外面听到了。韩滉大怒，打了儿子一顿，并亲自把儿子送到船上。

不久，淮南节度使陈少游听说韩滉进贡粮食，他也进贡了二十万斛。李适对李泌感慨地说："韩滉竟能感化陈少游。"

李泌笑着说："何止陈少游，以后各道也将争着入朝进贡。"

◎故事感悟

李泌是唐安史之乱后重要的政治家，他虽然经常以道士的姿态出现，但他的政治才能、他的安邦定国的措施给后代留下了宝贵的历史遗产。特别是他不计个人利益、顾全大局的品质，更受到后人的景仰和赞扬。

◎史海撷英

李泌的军事才能

在安史之乱、唐肃宗灵武即位之时，李泌就对国家命运作出了正确的预测：第一，叛军猖獗不了多久，其原因有二：一是参与叛乱的多是异族人，而华人寥寥，这说明安史叛乱没有得到中原人民的支持；二是叛军把掠夺到的财物全部送回自己偏居一隅的老巢范阳，可见叛军根本没有一统天下的雄心。第二，李泌为肃宗制定了平叛的方略："今诏李光弼守太原，出井陉，郭子仪取冯翊，入河东，则史思明、张忠志不敢离范阳、常山，安守忠、田乾真不敢离长安，是以三地禁其四将也。随禄山者，独阿史那承庆耳。使子仪毋取华，令贼得通关中，则北守范阳，西救长安，奔命数千里，其精卒劲骑，不愈年而弊。我常以逸待劳，来避其锋，去剪其疲，以所征之兵会扶风，与太原、朔方军互击之。徐命建宁王为范阳节度大使，以取范阳。贼失巢窟，当死河南诸将手。"李泌的这个方略是非常正确的，他反复告诫肃宗"无欲速"，要着眼于长久，目的是要把叛军赶出老巢，一网打尽，不留后患。开始，这一计划也得到肃宗的认可，但后来肃宗急功近利，坚持先收复长安，结果把叛军赶回河北，从而形成割据局面，遗患无穷。但李泌的军事才能和战略家的谋略思想却令后人敬仰不已。

◎文苑拾萃

韩滉的绘画艺术

韩滉在政治上致力于国家统一，曾参与平定藩镇叛乱的斗争。他身为显宦，但公务之余雅好文艺，工书善画，亦能鼓琴。书法学张旭草书，得其韵味。绘画远师南朝陆探微，善画人物，尤喜画农村风俗和牛、马、羊、驴等。风俗作品曾有《田家风俗图》、《田家移居图》、《尧民击壤图》、《村社醉散图》、《村童戏蚁图》、《丰稔图》、《盘车图》、《渔父图》等，广泛地反映了当时农村的生活和习俗。画牛能曲尽其妙，表现出牛漫步、疾驰、鸣叫、顾视等各种情态以及村童牧放的生活情趣。曾作《集社斗牛图》、《古岸鸣牛图》、《归牧图》、《乳牛图》等。其传世作品《五牛图》（故宫博物院）纸本设色，纵20.8厘米，横136.8厘米，画5只肥壮的黄牛分别作昂首、独立、嘶鸣、回首、擦痒之状。用笔厚拙粗辣，神气生动，是现存唐画中的珍品。唐代画牛名手戴嵩是他的弟子。

第二篇

忍私弃怨顾全大局

却私怨烛之武卫郑国

◎临患不忘国，忠也。——《左传》

> 烛之武（生卒年不详），春秋战国时期郑国人。公元前630年，秦晋攻郑，烛之武智退秦师，保护了郑国，为郑国作出了杰出的贡献。

春秋时期，中原地区的郑国是一个小国，经常受到周边大国的侵扰。晋国公子重耳当年流亡期间就路过郑国，郑国国君认为重耳没有什么出息，因而没有理睬重耳。公元前632年，爆发了晋楚争霸的城濮之战，结果楚国战败，晋国称霸。在城濮之战中，郑国曾经出兵帮助楚国，因而结怨于晋。

两年后，晋侯、秦伯强找借口，两个虎狼大国来势汹汹，将弱小的郑国合围中间，森森狼牙劲磨，欲灭郑而后快。

郑国国势危如累卵，君臣上下乱成一团，各种救国方案争论否决之后，佚之狐荐贤成为唯一可选。郑国危亡之际，举国寄望于一人，佚之狐推荐了年近古稀的烛之武。

烛之武非常有计谋，且十分善辩。但是当宫廷里的人来传召他去为国解围时，被荐重托的烛之武有怨怼。因为烛之武年迈如此却一直未被重用过。

于是，郑伯亲自前往烛之武家里向他赔罪忏悔。郑伯先是屈尊自责，对烛之武动之以情；然后又以国家大义警之，晓之以理；并且用其中的利害关系对烛之武加以疏导。烛之武顾全大局，尽释前嫌，慨然答应出使秦国。

于是，在一天夜里，郑伯派人用绳子将烛之武从城墙上放下去，烛之武独自一人去见秦伯。

烛之武到了秦伯的营地，见到秦伯，他不卑不亢，对秦王循循善诱，说道："秦国、晋国两个大国围攻郑国，郑国已经知道要灭亡了。但是，如果灭掉郑国对您和秦国有好处，我们怎么还敢拿这件事情来麻烦您呢？越过别的国家把远地作为秦国的边邑，您知道这是困难的，您为什么要灭掉郑国而给邻国增加土地呢？邻国的国力雄厚了，您的国力也就相对削弱了。如果您放弃围攻郑国而把它当做东方道路上接待过客的主人，出使的人来来往往，郑国可以随时供给他们缺少的东西，对您也没有什么害处。而且您曾经给予晋惠公恩惠，晋惠公曾经答应给您焦和瑕这两座城池。但是，他早上渡过黄河回国，晚上就修筑防御工事，这是您知道的。晋国，什么时候才能满足呢？现在它已经在东边使郑国成为它的边境，又想往西扩大边界。如果不侵损秦国，将从哪里得到它所贪求的土地呢？削弱秦国对晋国有利，希望您考虑这件事！"秦伯听了烛之武的话后认为他讲得很有道理，就和郑国签订了盟约。

烛之武放弃私怨，只身赴秦营，之后又设身处地，推心置腹地为秦伯着想，最后以三寸不烂之舌劝退了秦国大军，纾解了国难。不但说秦退围，而且有意外收获，秦晋破盟，秦郑结盟，秦国不仅不打郑国，反为护持。如此一来，晋文公也只能徒叹奈何了。

◎故事感悟

烛之武在国家危难之际，抛却了一直未被重用的私怨。为了国家的存亡，他能够临危受命，不避险阻，只身去说服秦君，维护了国家安全。他的勇气、智谋和顾全大局的爱国主义精神值得学习。

◎史海撷英

历史上的郑国

郑国，别名奠国，国君为姬姓，伯爵。春秋战国时期的重要诸侯国。周宣王二十二年（公元前806年）封周厉王幼子友于郑（今陕西华县的东方），史称郑桓公。周幽王时期，郑桓公将郑国财产、部族、宗族连同商人、百姓迁移到东虢国和郐之间（今河南嵩山以东），号称新郑，这是郑国历史上有名的大迁移。桓公三十六年（公元前771年），犬戎杀死周幽王和郑桓公，桓公之子武公即位，继位的郑武公攻灭郐和东虢国，建立了实际独立的郑国，定首都为新郑。在春秋初年，郑国非常活跃。一段时间之内，强大的齐国也对郑国俯首称臣，跟随郑国东征西讨。庄公时代郑国内部肃清了反动势力，外部灭了许国，打败了宋国，还射中了周天子桓王的肩膀，是当时最强盛的国家，史称"郑庄公小霸"。厉公在位期间，郑国大乱，从此日益衰落。简公时，郑国任用子产为相执政，重新富强。幽公时期，韩武子攻占郑国，杀害了幽公。后缪公复国，多次与三晋发生战争。缪公之后的康公时，韩国再次强盛。康公二十一年（前375年）韩哀侯率军再次攻占郑国，郑国灭亡。立国432年，历21君。

◎文苑拾萃

予七十赵监税见贺以诗次韵

（三国·魏）陈造

平生烛之武，况已雪鬐翁。

誉我犹时用，君言恐未公。

勾践隐忍为霸业

◎忧劳可以兴国，逸豫可以亡身。——欧阳修

> 勾践（公元前约520—前465），春秋末越国国君，公元前497年至前465年在位。姓姒，大禹的后代，名勾践，又名菼执。曾败于吴，屈服求和。后卧薪尝胆，发愤图强，终成强国。公元前473年灭吴。

　　春秋时期，公元前496年，吴王阖闾派兵攻打越国，但被越国击败，阖闾也伤重身亡。阖闾让伍子胥选后继之人，伍子胥独爱夫差，便选其为王。此后，勾践闻吴国要建一水军，不顾范蠡等人的反对，出兵要灭此水军，结果被夫差奇兵包围，越军大败，大将军也战死沙场，夫差要捉拿勾践。危急关头，范蠡出策，让越王假装投降，留得青山在不愁没柴烧。越王投降了，但伍子胥劝吴王杀掉越王，夫差也不听他的劝告，留下了勾践等人，臣事吴王。

　　三年后，越王勾践饱受侮辱，终于被放回越国。勾践暗中训练精兵，每日晚上睡觉不用褥，只铺些柴草；又在屋里挂了一只苦胆，他不时会尝尝苦胆的味道，为的就是不忘过去的耻辱。他常常对自己说："你难道已经忘记了在会稽山上所受的耻辱了么？"他亲自到田间种地，他的夫人穿自己织的布做成的衣服。他吃的每顿饭里几乎没有肉菜，穿的衣服没有鲜艳的颜色。他降低身份对待下面有贤能的人，对宾客厚礼相赠，扶助贫困的人，哀悼死难的人。勾践为了鼓励民众，每天和王后与人民一起参与劳动耕作，在越人同心协力之下，仅仅用了几年就把越国建设得强大了起来。

他重用范蠡、文种等贤人，经过"十年生聚又十年教训"，使越国国力渐渐恢复起来。可是吴对此却毫不警惕。公元前482年，吴王夫差为参加黄池之会，尽率精锐而出，要求勾践也带兵助威，勾践见时机已到，假装赴会，领3000名精兵，拿下吴国主城，杀了吴国太子，又擒了夫差。此时，夫差悔当初未听伍子胥言，留下了勾践，才有今日。

公元前473年，越军再次大破吴国，吴王夫差被围困在吴都西面的姑苏山上，求降不得而自杀。死前，他只求不要伤害吴国百姓……至此，吴国灭亡。越王勾践平吴，声威大震，乃步吴之后尘，以兵渡淮，会齐、宋、晋、鲁等诸侯于徐州（今山东滕州南），周天子使人命勾践为"伯"（霸）。时"越兵横行于江、淮东，诸侯毕贺，诸称霸王"。不过此时，春秋行将结束，霸政趋于尾声，勾践已是春秋最后的一个霸主了。

◎故事感悟

越王勾践卧薪尝胆的故事脍炙人口，虽已事过境迁，这已是两千多年前的事了，但是勾践不忘耻辱、不忘亡国的奋斗精神，还在时时刻刻激励我们，他为大局而隐忍的精神是可贵的。

◎史海撷英

春秋五霸

从公元前770年到前476年，历史上称为春秋时代。在这290多年间，社会风雷激荡，可以说是烽烟四起，战火连天。司马迁说：春秋之中，"弑君三十六，亡国五十二，诸侯奔走不得保其社稷者，不可胜数"。相传春秋初期诸侯列国140多个，经过连年兼并，到后来只剩较大的几个。这些大国之间还互相攻伐，争夺霸权。春秋时期，周天子失去了往日的权威，天子反而依附于强大的诸侯。一些强大的诸侯国为了争夺霸权，互相征战，争做霸主，先后称霸的五个诸侯叫做"春秋五霸"，分别是齐桓公、宋襄公、晋文公、秦穆公和楚庄王（另一种说法是齐桓公、晋文公、楚庄王、吴王阖闾、越王勾践）。

◎文苑拾萃

对 联

有志者，事竟成；破釜沉舟，百二秦关终归楚。

苦心人，天不负；卧薪尝胆，三千越甲可吞吴。

将相联手为国家

◎国耳忘家，公耳忘私，利不苟就，害不苟去。——贾谊

> 蔺相如（公元前329—前259），战国时赵国上卿。今山西柳林孟门人，一说山西古县蔺子坪人。官至上卿，赵国宦官头目缪贤的家臣，战国时期著名的政治家、外交家。他生平最重要的事迹有完璧归赵、渑池之会与负荆请罪这三个事件。
>
> 廉颇（公元前327—前243），嬴姓，廉氏，名颇。晋阳人（今山西太原）。战国时期赵国杰出的军事家，主要活动在赵惠文王（公元前298—前266）、赵孝成王（公元前266—前245）、赵悼襄王（公元前245—前236）时期。战国末期赵国的名将，与白起、王翦、李牧并称"战国四大名将"。

战国时期，赵国赵惠文王在位的时候，朝中有两位有名的人物——廉颇和蔺相如。

有一次，赵王得到了一个绝世珍宝"和氏璧"，秦昭王知道了，派人来说愿意拿十五个城换"和氏璧"。赵惠文王想给"和氏璧"，但怕秦国不给城；想不给，可秦国是大国，赵国是小国，又怕得罪了他。于是想找一个精明的使臣到秦国去应付，见机行事。有人推荐了蔺相如。蔺相如对赵王说："如果没有合适的人，那我就带上玉到秦国去。秦王给了城，我就把玉留下；秦王不给城，我一定要'完璧归赵'。"

蔺相如带着"和氏璧"到了秦国，秦王拿到玉后很高兴，传给左右看，不提给城的事。蔺相如上前说："玉上有一个斑点，让我指给您看。"秦王把玉还给相如，蔺相如拿回玉，退后一步，站在柱子旁边，愤怒地说："您只说璧

68

好，却不提给城的事。现在玉在我手里，您要抢玉，我就让我的脑袋和玉一齐撞碎在柱子上。"秦王怕玉撞碎了，马上道歉说："不要发急，我们一定给城。"于是找来地图给蔺相如看，告诉他哪十五个城给赵国。

蔺相如知道秦王这是假意应付，就说："我来时，赵王吃了五天素，当着大臣的面把玉交给我，十分重视这件事。你秦王想得到这块玉，也该吃五天素，用隆重的仪式迎接这块玉。"秦王只好答应了。

相如回到住处，连夜派跟随的人穿上便衣，带上"和氏璧"从小路回赵国去了。

过了五天，相如拜见秦王，说："秦国从来不讲信义，我怕受了你的骗对不起赵王，所以派人把玉送回去了。秦国强大，赵国弱小，秦国先给城，赵国哪敢不给玉？我知道骗大王有罪，请你治罪吧。"秦王同大臣面面相觑，说不出话来。有人主张把蔺相如杀掉，秦王说："杀了他，也得不到和氏璧，反而破坏了秦赵的关系，不如放他回去吧！"

蔺相如回国，赵王因为他使秦有功，拜其为上大夫。秦国到底也没有给赵国十五城，赵国也没有给秦和氏璧。

过了两年，秦国派人来告诉赵国，秦王想同赵王在渑池（今河南省孟津县）会谈。赵王害怕秦国，不想去。廉颇、蔺相如对赵王说："不去，显得咱们国家胆小懦弱，还是去好。"

赵王出发的时候，廉颇送到边境上，同赵王告别说："考虑路上时间，加上相会，来往不过30天。如果过30天大王不回来，我就立太子为主，断绝秦国要挟的念头。"赵王答应了。

赵王同秦王在渑池会面了。宴会上秦王对赵王说："我听说赵王喜欢音乐，请弹一次瑟。"赵王就弹了瑟。秦国的御史到酒席跟前写道："某年某月某日，秦王同赵王在一起喝酒，叫赵王鼓瑟。"于是蔺相如上来说："赵王听说秦王善击缶，请击一次缶。"秦王不答应。蔺相如说："你要真不击缶，我就和你拼命了！"秦王左右拿起刀来，蔺相如睁圆眼睛大喝一声："不许动！"赵王左右也都拿出刀来。秦王没有办法，只好击缶。蔺相如掉过头招呼赵国的史官写道："某年某月某日，秦王为赵王击缶。"这时，秦国的几位臣子上前来说："赵国应该献十五个城给秦王祝寿。"蔺相如说:"请拿秦国的都城咸阳送给赵王祝寿。"这一次宴会到终了,秦国也没有占到便宜。因为廉颇的大军已有准备,秦国也没敢怎么样。

回国后,赵王因为蔺相如功劳大,封他为上卿,位置在廉颇的前面。廉颇生气了,对人说:"我是赵国的将军,有攻城打仗的功劳。蔺相如只凭嘴巴动几下,官位却在我的上面,实在教人抬不起头。我见到蔺相如,一定要羞辱他。"蔺相如知道了这件事,就不再同廉颇见面。每次上朝都推说病了。

有一次,蔺相如乘车在街上走,看见廉颇来了,就退回去躲起来。跟随蔺相如的人都气愤不平,他们说:"我们跟着你不到别处去,因为敬佩你的高尚行为。廉颇同你是一样的官级,现在廉颇讲了些凶狠的话,你就躲起来,害怕得不得了。普通的人也丢不起这个脸,何况是做宰相做将军的?我们也忍受不了了,让我们走吧!"蔺相如耐心地对他们说:"你们看廉将军同秦王哪个厉害?"随从说:"廉颇不如秦王。"相如说:"秦王那样威严,我也敢在朝廷上斥责他,蔑视他的众多臣子,难道我还害怕廉将军吗?我想到的是秦国所以不敢攻打赵国,是因为有我们两个人在。我之所以这样让他,是把国家的利益放在前面,把私人的恩怨放在后面啊!"

这一番话传到廉颇耳朵里,他才认识到蔺相如的品德实在是高。他感到很惭愧,脱掉上衣,背上荆条,请人引着到蔺相如家请罪。见了蔺相如,廉颇恳切地说:"我是认识浅薄的人,不知道您度量这么宽大。"蔺相如握着廉颇的手走进家,共商国家大事。从此,两个人成了同生共死的朋友。在他们两个人的共同努力下,赵国巩固而安定,各国都不敢攻打赵国。

◎故事感悟

　　将相和的故事可谓家喻户晓,廉颇、蔺相如二人,一文一武,一将一相,在国家安危面前摒弃前嫌,握手言和,家国天下使然,自身的修养使然。蔺相如宽宏大量,廉将军知错便改,始终都是为了国家的强盛,这种冰释前怨、相与为国的精神也会随着历史的发展历久而弥新。

◎史海撷英

渑池之会背景

　　公元前282年，秦国派大将白起攻取了赵国的简（今山西离石县西）和祁（今山西祁县）两个地方。次年，秦国又派兵攻占了赵国的石城（今河南朴县西南）；又过了一年，再向赵国进攻，两国交战，赵国损失了两万多军队，但秦军的攻势也被遏止了。

　　公元前279年（赵惠文王二十年），秦昭王想和赵国讲和，以便集中力量攻击楚国，于是派使者到赵国，约赵王在西河外的渑池（今河南渑池县境内）见面，互修友好。

◎文苑拾萃

览古书怀

（唐）李白

醉骑白花骆，西走邯郸城。
扬鞭动柳色，写鞭春风生。
入郭登高楼，山川与云平。
深宫翳绿草，万事伤人情！
相如章台巅，猛气折秦嬴。
两虎不可斗，廉公终负荆。

冒顿忍辱破敌

◎小忍便无事，力行方有功。——陆游

冒顿（？—前174），冒顿是人名，姓挛鞮，单于是匈奴部落联盟的首领称号。公元前209年（秦二世元年），他杀害头曼单于而自立。他是一位有雄才大略的军事家、统帅。公元前209年至公元前174年在位。

　　西汉初年，北方的匈奴首领冒顿杀父自立为王，以力自威，这大大地威慑了它的邻国东胡。为了限制匈奴的发展，东胡国不断挑衅，企图寻找借口灭掉匈奴。

　　匈奴人生活在西北部的草原上，以强悍善骑著称。国中有一匹千里马，皮毛油黑发亮如软缎，全身上下没有一根杂毛。它能日行千里，为匈奴国立下过汗马功劳，被视为国宝。东胡国知道后，便派使者到匈奴国索要这匹宝马，匈奴群臣认为东胡国太无理了，一致反对。

　　足智多谋的冒顿一眼便看穿了东胡的用意，但他并没有表露出来。他知道，舍不得孩子打不着狼，他决定忍痛割爱来满足东胡的要求。他告诉臣下："东胡之所以要我们的宝马，是因为与我们是友好国家。我们哪能因为区区一匹千里马而伤害与边邻的关系呢？这样太不合算了。"这样，他就把宝马拱手送给了东胡。东胡国王得到千里马以后，认为冒顿胆小怕事，就更加狂妄。他听说冒顿的妻子很漂亮，就动了邪念，派人去匈奴说要纳冒顿之妻为妃。

　　冒顿的妻子年轻貌美，端庄贤淑，深得民心。匈奴群臣一听东胡国王如此羞辱他们尊敬的王后，都气得摩拳擦掌，发誓要与东胡决一死战，冒顿更是气得牙齿咬得咯咯响，连自己的妻子都保护不了，还算个男人？况且还是个国王！然而他转念又一想，东胡之所以三番五次使自己丢脸，是因为东胡的力量还比匈奴强大，小不忍则乱大谋，一旦发生战争，自己的实力不济，很可能会战败，还是再忍让一回，等以后有了合适的时机，再与东胡算总账。于是，他强作笑颜，劝告群臣："天下女子多的是，而东胡却只有一个啊！岂能因为区区一个女人伤害与邻国的友谊？"这样，他又把爱妻送给了东胡国王。

之后，他召集群臣，指明东胡气焰嚣张的原因，分析了当时的形势。鼓励大臣们内修实力，外修政治，以后将丢的面子找回来。群臣听冒顿分析得有道理，于是也按照冒顿的要求兢兢业业地治理国家，以图日后能够雪国耻，报仇恨。

东胡国王轻而易举地得到千里马与美女，就认为冒顿真的惧怕他，更加骄奢淫逸起来。他整日灯红酒绿，寻欢作乐，不理朝政，国力越来越衰弱。然而他却毫无自知之明，又第三次派人到匈奴去索要两国交界处的方圆千里的土地。

此时，匈奴经过冒顿及其群臣多年卧薪尝胆的治理，政治清明，实力雄厚，兵精粮足，老百姓安居乐业，国力已远远超出了东胡。

东胡的使臣来后，冒顿召集群臣商议，大臣们不明白他的态度，都在那里沉默。有人耐不住这可怕的寂静，联想到以往两次的事，就试探地说："友谊可能重于一切，我们就送给他们千里土地好了。"冒顿一听，怒发冲冠，拍案而起，大声说道："土地乃社稷之根本，岂可割予他人！东胡国王霸我皇后，索我土地，实在是欺人太甚！是可忍，孰不可忍！现在天赐良机，我们要灭掉东胡，以雪国耻！"他亲自披挂上阵，众人同仇敌忾，一举消灭了毫无防备的东胡。

◎故事感悟

冒顿单于在遭东胡屡次羞辱的情况下，忍辱负重，暗中加强自己的实力，最终一举打败东胡。冒顿不愧为一代英明的单于，他顾全大局、忍辱强邦的精神也为他赢得了胜利。

◎史海撷英

东 胡

中国春秋战国时期强盛一时的北方民族，因居匈奴（胡）以东而得名。春秋战国以来，南邻燕国，后为燕将秦开所破，迁于今辽河的上游老哈河、西拉木伦河流域，筑长城以防其侵袭。秦末，东胡强盛，其首领曾向匈奴要求名马、阏氏和土地，后为匈奴冒顿单于击败。退居乌桓山的一支称为乌桓，退居鲜卑山的一支称为鲜卑。

◎文苑拾萃

杂曲歌辞·筑城曲五解

（唐）元稹

年年塞下丁，长作出塞兵。

自从冒顿强，官筑遮虏城。

筑城须努力，城高遮得贼。

但恐贼路多，有城遮不得。

丁口传父口，莫问城坚不。

平城被虏围，汉剧城墙走。

因兹虏请和，虏往骑来多。

半疑兼半信，筑城犹嵯峨。

筑城安敢烦，愿听丁一言。

请筑鸿胪寺，兼愁虏出关。

为稳定刘邦封雍齿

◎古之善为天下者，计大而不计小。——《旧唐书·陈子昂传》

> 汉高祖刘邦（公元前256—前195），字季（一说原名季）。沛郡丰邑中阳里（今江苏丰县）人。秦朝时曾担任泗水亭长，起兵于沛（今江苏沛县）。后成为汉朝（西汉）开国皇帝，庙号为太祖（但自司马迁时就称其为高祖，后世多袭用之），谥号为高皇帝（谥法无"高"，以为功最高而为汉之太祖，故特起名焉），所以史称太祖高皇帝、汉高祖或汉高帝。出身平民阶级，成为皇帝之前又称沛公、汉中王。他对汉民族的统一、中国的统一强大、汉文化的保护发扬有重要的贡献。

刘邦用人手段之高在历史上是有名的，他用人除了敢用有毛病的人，还有个特点是不计前嫌。汉高祖六年的时候，刘邦已经得了天下，封了一批功臣，但是还有很多功臣没有封，因为封功要怎么样计算，封一个什么样的爵位比较合适，这个事还很费脑子，刘邦不想再烦了，就把封功臣的事放了下来。

有一天，刘邦在宫殿里面走，远远地看到一群人坐在地上，在那儿嘀嘀咕咕，交头接耳，窃窃私语，刘邦就问旁边的张良，说："子房，那些人在说什么呢？"

张良说："陛下不知道啊，他们在商量谋反啊！"

"子房不要乱讲，天下刚刚安顿，谋什么反啊？"刘邦质疑。

张良回答说："陛下不知道啊，您得了天下以后，封了一批功臣，大多数都是你的亲信。像萧何这些人，还有一些以前得罪过你的人，都受了处分。现在这些功臣们都在想一个问题，说这个天下还有多少可以封赏的，是不是可以拿出来封赏的东西已经不多了，像我们这种和陛下关系不密切的，甚至以前得罪过陛下的，是不是就得不到封赏了？或者甚至于会被陛下找一个茬子，给弄回家去了呢？他们想来想去想不明白，所以就在那儿商量谋反呢！"

刘邦马上醒悟过来了，知道这是一个严重的问题，马上向张良请教解决的办法。

张良说："请陛下想一想，在这些功臣当中，有没有这样的人，他的功劳非常大，但他和陛下的关系又非常地恶劣，有没有这样的人？"

刘邦马上想到，在所有的功臣中，有一个叫雍齿的人非常可恶，二世二年（公元前208年）随刘邦起兵反秦。秦军围攻刘邦于丰邑（今丰县），刘邦打败秦军后，命雍齿驻守丰邑。雍齿经魏国人周市诱反，遂行背叛；几经反复后，再次归向刘邦。

而且他曾一而再、再而三地侮辱过自己，刘邦早就想杀他了，可是他功劳太大，又于心不忍。

张良听后献计，请求刘邦马上封雍齿，以示群臣。刘邦欣然接受了这个建议，立即封雍齿为什方侯。

雍齿一封，所有的功臣都安心了。大家都知道，这个雍齿是皇上最讨厌的人，他都封侯了，别人也就不用担心了。

◎故事感悟

刘邦建国后采用宽松的政策，不仅安抚了人民，也促成了汉代雍容大度的文化基础。他不计前嫌，封赏曾经侮辱过自己的雍齿，平息了一场将发生的叛乱。这种顾全大局的品德成就了刘邦，成就了汉朝盛世。可以说，是刘邦使四分五裂的中国真正地统一起来，而且还逐渐把分崩离析的民心凝集了起来。

◎史海撷英

楚汉之争

楚汉之争，是汉高帝元年（公元前206年）八月至五年（公元前202年）十二月，项羽、刘邦为争夺政权进行的一场大规模战争。公元前207年十月，刘邦入关，降秦王子婴，还军霸上；十二月项羽破关而入，刘、项在鸿门会面，双方斗争开始。次年春，项羽以盟主身份召开戏西之会，封18人为诸侯王，本人为西楚霸王，都彭城，刘邦为汉王，都南郑。刘邦到南郑后，积极准备反攻，先夺取关中三秦之地作为根据地，然后出兵东向，进攻项羽，曾多次被项羽打败，到公元前203年秋，得到韩信的帮助，才形成足以跟项羽抗衡的力量。项羽乃与刘邦约定："中分天下，割鸿沟以西为汉，以东为楚。"定约后，项羽东归，刘邦也准备西归。这时张良、陈平向刘邦提出建议，趁此时机消灭项羽。后在韩信、彭越帮助下，围项羽于垓下。项羽突围，至乌江自刎。

◎文苑拾萃

救主的纪信

　　将军纪信建议刘邦，让自己代替刘邦假装投降，以使刘邦借机逃离。接着刘邦召入陈平，把纪信愿以死诈降一计告知。陈平听后大喜，又想出一条妙计，在刘邦耳边一说，刘邦连连称妙。

　　于是他们就分头行动去了。这边，项羽接到汉使送来的"降书"后，很是兴奋，忙问汉使："你家主公何时出降？"汉使答道："今夜就会出降。"

　　夜半时分，城东门突然洞开，出来一群身着甲胄的妇女，楚军正在狐疑，只听一阵娇滴滴的女声叫道："我等妇道人家没衣没食，只好逃出求生，请将军们高抬贵手，赏我等一线生机。"

　　楚军那班兵，多时没闻女人味，如今在此看呆了。其他几个城门的守军也到这里来看热闹。趁着这个机会，刘邦带着陈平、张良、夏侯婴、樊哙等人溜出了城。

　　天亮时分，妇女们已走得差不多了，城内出来了一乘龙车，当中端坐一位王者。楚军一见，都以为是刘邦出降了，赶紧差人报项羽。项羽走近细看，车上那人穿的是汉王衣服，容貌却不太像。

　　项羽厉声问道："你是何人，敢来冒充汉王？"车中人回答："我乃汉将纪信。"项羽知己已上当，只得气呼呼地下令把纪信连人带车统统烧成灰。

云台二将的故事

◎常思奋不顾身，而殉国家之急。——司马迁

寇恂（？—36），字子翼。上谷昌平（今属北京市）人。东汉名将，"云台二十八将"之一。寇恂出身世家大姓，年轻时任郡功曹。太守耿况很器重他。

贾复（9—55），字君文。"云台二十八将"之一。南阳郡冠军县（今河南邓县西北）人。出身儒生，少好习《尚书》。新莽末年，聚众加入绿林军，后归刘秀，任都护将军。刘秀即位，任执金吾，封胶东侯。临阵身先士卒，屡受重创。晚年退居私第，仍参议国家大事。

寇恂和贾复是我国东汉开国皇帝光武帝刘秀的两个得力助手，二人均位列"云台二十八将"之中。

25年，河南中部的豪强联兵割据，准备进犯汉朝的都城，汉光武帝便派寇恂到河南颍川任太守，带领部下去扫除豪强势力。只用了几个月时间，寇恂就平定了割据势力。

没过不久，朝廷又派贾复将军进兵河南汝南。途经颍川的时候，贾复的一个部将杀了人。当时，战事频繁，军纪不很严明，将领犯法大都不了了之。可是寇恂却十分注意纪律，绝不允许军队骚扰百姓，他当即令部下将贾复的部将抓了起来，按军纪把他杀了。贾复知道后，十分不满，认为寇恂是藐视他。当贾复平了汝南，回军颍川时，他对部下说："我和寇恂都是将帅，地位一样，现在他竟然损伤我的面子来给他自己脸上贴金，他真是不识好歹。要是现在我见到寇恂，我一定要亲手用这宝剑杀死他！"

　　这话很快传到寇恂的耳里，他就想法避免同贾复见面。寇恂的外甥谷崇知道了这件事，很不服气，对寇恂说："有我谷崇在，要是他贾复真的敢来，我就用这宝剑来对付他。"寇恂连忙拦阻他，还激动地说："五百年前赵国这样一个小小的国家，还有像蔺相如那样为公忘私的人物，我们怎么能忘掉呢？"

　　很快，贾复的部队就要进入颍川地界了，寇恂当即命令所属各县准备迎接贾将军，并给每个士兵都准备双份丰盛的酒饭。当贾复的部队刚进入颍川，寇恂就亲自到路口迎接，他慰劳过先头部队后，突然假说有病，就先回去了。贾复听说寇恂来过又走了，准备带兵去追，但看到将士们个个都喝得醉醺醺的，也只好作罢。

　　后来，汉光武帝知道了这件事，特地把贾复、寇恂同时召来，对他们耐心开导，两人都很感动，相互道了歉。从此以后，他们两人的关系比以前更加密切，成为汉光武帝刘秀的左膀右臂。

◎故事感悟

　　寇恂威望素著，屈己为国，顾全大局，其长者之风令人敬仰。当与贾复发生纠葛时，寇恂选择了避退，这种以大局为重的精神令人敬仰。

◎史海撷英

云台二十八将

　　汉光武帝刘秀重兴汉室江山的28员大将，包括邓禹、贾复、寇恂、吴汉、冯异等，传说是天上28星宿下凡转世。云台列将32人，前28人为开国功臣，上应28宿，就是云台28将。另外伏波将军马援有大功，但因为女儿为明帝皇后，明帝避嫌未将其列入。云台28将里只要和皇室有亲戚关系的都没被列入，如光武帝的表兄来歙功劳很大，最后也未被列入。光武帝麾下人才众多，各尽所能，但最厉害的是光武帝本人，他战昆阳、巡河北、平江南、定巴蜀，运筹帷幄，最终中兴汉室江山。

◎文苑拾萃

题南顿光武祠

（北宋）张耒

他日曾休羽葆车，可怜宫寺已丘墟。

云台诸将锵冠剑，却遣严光配坐隅。

乔玄舍子诛劫匪

◎有益国家之事虽死弗避。——《呻吟语·卷上》

> 乔玄（109—183），字公祖。梁国睢阳（今河南商丘南）人。东汉末年著名廉吏。年轻时被举孝廉，封为洛阳左尉。东汉末年，曾为度辽将军，扫除北方边患。

东汉熹平六年（177年）七月，蔡邕在给灵帝的一篇封章中品评了朝中群臣的优劣，盛赞一位身居闲职的光禄大夫"聪达方直"，建议予以重用。这位被推荐的光禄大夫就是乔玄。

乔玄秉性刚直，办事从不拖泥带水，尤其是容不得半点奸恶。乔玄青年时，担任本县的功曹。有一次，豫州刺史周景巡察属县来到梁国，乔玄拜谒周景时，借机揭发陈国（今河南淮县）相羊昌罪恶，并自告奋勇地请求担任巡察陈地的从事，以便追查此事。这种以惩奸罚恶为己任的举动深深感动了周景，他当即批准了乔玄的要求。乔玄来到陈县后，将羊昌的宾客都拘捕起来，一个一个地拷讯赃罪。

羊昌素来为朝中秉持国政的大将军梁冀所亲厚，因此梁冀特派快马送来公文，晓谕乔玄停止追查羊昌。刺史周景慑于梁冀的威势，即刻派人去召回乔玄。但乔玄顶住了这双重压力，缴还了大将军文书后，不仅没有离开陈县，反而加紧审查羊昌的罪证，以定其罪，最终将羊昌打入囚笼押往京城定罪。自此，乔玄的声名大噪。

汉灵帝熹平元年（172年），乔玄被委任为尚书令。当时太中大夫盖升与灵帝有旧恩，在他任南阳太守时，贪赃数额多达数亿。乔玄为此奏请灵帝要将盖升免官，并禁锢起来使其终身不能再为官，还要没收其贪赃所得的不法财产。但灵帝念及旧日恩情拒不听从，乔玄愤然托病辞职，以示抗议，但未获准。

到光和元年（178年），升任太尉。次年的一天，乔玄10岁的小儿子独自在大门旁玩耍时，突然有三人手持凶器劫持了他，并且冲进院舍，登上楼向乔玄索取赎金。嫉恶如仇的乔玄岂能与劫匪妥协？双方只好对峙。过了一会儿，司隶校尉阳球率河南尹、洛阳令赶来围住了乔玄家。阳球等唯恐伤害了太尉的幼子，不想采取强硬的手段来逼劫匪就范。乔玄瞋目大呼道："奸人罪大恶极，玄岂能因顾惜儿子的生命而放纵国贼！"他催迫围守的捕卒攻进劫持者占据的楼中。于是，众兵攻入，杀死了劫持者，而乔玄之子也罹难而亡。

事后，乔玄诣阙向皇帝请罪，提出"凡有劫质，并皆杀之，不得赎以财宝，开张奸路"，并要求将此诏告天下，得到灵帝的批准。起初从汉安帝以后，法律渐渐失去效力，京城里面劫持人质的非常多见，不管对方是不是富贵官宦人家。但此事发生后立时刹住了汉末京师劫持人质、掠取财货之风。

《后汉书》本传对乔玄的评价是"性刚急无大体，然谦俭下士"，似为允当。

◎故事感悟

乔玄身为一代廉吏，坚决同不法行为作斗争。年轻时，勇于揭发贪官污吏；在其子被盗贼挟持的情况下，他没有与盗贼妥协，亦没有因为儿子身处险境而退缩，毅然命令兵士杀死盗贼，并上书皇帝，由此刹住了京师劫持人质之风。乔玄以大局为上，以维护社会安定为己任的精神是可贵的。

◎史海撷英

斗酒只鸡

曹操地位很低的时候，没有人知道他。他曾经去拜见乔玄，乔玄见到他感到惊异，对他说："如今天下将要战乱，能够安定天下的岂不是你吗？"曹操常常感叹乔玄是他的知己。后来曹操每次经过乔玄的坟墓，都感到凄怆并祭祀他，并亲自为他撰文说："乔公品德高尚，仁爱宽容。国家感念您的训诫，读书人缅怀您的教诲。我年轻时顽劣不羁，而您对我褒奖称赞，就像孔子称赞自己不如颜渊。士为知己者死，我一直记着这句话。我们曾誓约：'我死之后，你如果从我的墓前经过，如果不拿一斗酒一只鸡来祭奠我，车马过去三步以后，你得肚子疼不要怨我。'虽是当时玩笑的话，若非关系密切，怎能说出这样的话？怀念旧事，想起来就感觉凄怆。如今我奉命东征，驻扎在乡里，向北望着土地，心思在您的陵墓上。所以用薄礼祭奠您，愿您享用！"

◎文苑拾萃

舟过渔林关望沈功宋墓

（清）毛奇龄

落日渔林放棹迟，故人宿草望离离。

深怜子敬琴亡后，恐负乔玄车过时。

江阔市亭环废井，关长贾舶近荒祠。

难寻下马陵前路，肠断胶西君不知。

为国家陆逊不计私怨

> 陆逊（183—245），本名陆议，字伯言。吴郡吴县（今江苏苏州）人。三国时期著名政治家、军事家。东吴丞相，历任东吴大都督、上大将军、丞相。吴大帝孙权兄桓王孙策之婿，世代为江东大族。于222年率军与入侵东吴的刘备军作战，以火攻大破之。后因卷入立嗣之争，力保太子孙和而累受孙权责罚，忧愤而死，葬于苏州，至今苏州有地名陆墓。

陆逊是三国时期东吴功勋卓越的大将，官至大司马，他有着顾全大局、谦逊忍让、不计私怨的风范。

当时，东吴境内的许多山区为越族居民据险自守，他们不服从孙权政权的统治，并不断起事反吴。孙权命陆逊率兵前往征伐。陆逊带去的兵马较少，敌我悬殊。但陆逊采用多插旌旗牙幢、分布鼓角、夜里派人潜入山谷吹号击鼓等疑兵之计，很快击破费栈武装。陆逊勒令各山区越族居民迁徙到平原地区，编入户籍，种田纳赋，从中挑选强壮者从军，得精兵万余，使东吴统治得以加强和巩固。之后，陆逊率所得精兵回驻芜湖。

为此，当时的会稽太守淳于式，上书吴主孙权，指责陆逊非法征用民众，扰乱地方。陆逊回到都城建业后，言谈之中，称赞淳于式是个好官吏。

孙权十分不解，问道："淳于式告发指责你，而你却荐举他，这是为什么？"陆逊说："淳于式的本意是为了养护百姓，所以才会告发指责我；我如果再反过来毁谤他，就会混淆您的视听，这种风气可不能滋长。"

孙权对他的风范非常钦佩，说道："这是忠厚有德行之人的行为，只是一般人做不到啊。"

吴黄龙元年，刘备率大军攻吴，孙权拜陆逊为大都督，领兵五万抵御蜀军。在战争中，诸将骄傲自负，对陆逊的指挥不服从。陆逊告诉他们，现在大家应该和睦相处，同心退敌，以报所受的恩惠和重任，并说主上之所以委屈诸将听命于他，就是因为他能够忍辱负重的缘故。在陆逊的指挥下，吴军以静制动，巧计连环，终于大败蜀军。

事后，孙权问陆逊："你为什么不向我禀报诸将不听你指挥的事呢？"陆逊答道："这些将领们有的可做心腹亲信，有的可做战将，有的是功臣，都是国家应该和他们共同成就大事的人。我虽然才能低劣，但私下仍仰慕蔺相如、寇恂谦虚忍让、顾全大局的道义，也认为如此能够成就国家大事。"

孙权听后大笑，对陆逊的胸怀深为赞赏，加拜其为辅国将军，兼任荆州牧，当即改封他为江陵侯。

◎故事感悟

人与人之间存在恩怨、误解和指责都在所难免，这就要看我们是以"私"为重，还是以大局为重了。能够处处为大局考虑，不计较私怨，多一分宽容忍让，这样才能团结凝聚众人之力，共同成就大事。

◎史海撷英

火烧联营

蜀汉章武元年（221年），刘备为报吴夺荆州、关羽被杀之仇，率大军攻吴。吴将陆逊为避其锋，坚守不战，双方成对峙之势。蜀军远征，补给困难，又不能速战速决，加上入夏以后天气炎热，以致锐气渐失，士气低落。刘备为舒缓军士酷热之苦，命蜀军在山林中安营扎寨以避暑热。陆逊看准时机，命士兵每人带一把茅草，到达蜀军营垒时边放火边猛攻。蜀军营寨的木栅和周围的林木为易燃之物，火势迅速在各营蔓延。蜀军大乱，被吴军连破四十余营。陆逊火烧连营的成功，决定了夷陵之战（猇亭之战）蜀败吴胜的结果。

◎文苑拾萃

次韵答天启

（北宋）张耒

黄钟无声登瓦釜，蔡子青衫在尘土。

逼人爽气百步寒，知子胸中有风雨。

三年河东走胡马，绝口鱼虾便酪乳。

归来万卷付一读，不学儿曹用心苦。

周瑜陆逊久寂寞，千年北客嘲吴语。

莫徒彩笔云锦张，要是宝剑蛟龙舞。

天兵百万老西北，快马如飞不出户。

眼看六蠹出麒麟，走取单于置刀俎。

沈攸之屈己求胜

◎一身之利无谋也，而利天下者则谋之；一时之利无
谋也，而利万世者则谋之。——胡宏

> 沈攸之（？—478），字仲达。吴兴武康（今浙江德清武康镇）人。南北朝时期为宋朝大将。沈充第四代孙，亦以武功扬名，为刘宋朝廷屡立战功，泰豫元年（472年）为镇西将军、荆州刺史加都督，于是聚兵敛财，渐有异心。虽以白丁（壮丁）行伍出身，但沈攸之读书善文，且能制曲作乐府。文有《遗萧道成书》，乐府有《西乌夜飞》五曲等。

　　刘宋明帝刘彧即位以后，刘宋前废帝刘子业的弟弟、晋安王刘子勋也在寻阳称帝，与建康政权分庭抗礼。尽管刘彧和刘子勋都是皇室成员，但刘子勋毕竟是弟承兄业，名正言顺，因此，各地官员纷纷拥护寻阳政权，形势对刘彧十分不利。

　　抚军将军殷孝祖率领各路大军同寻阳政权的右卫将军陶亮对峙。殷孝祖为人狂妄自大，目中无人，不能与其他将领和睦相处，造成建康军队人心涣散，各自为政。在同陶亮的第一次交战中，殷孝祖就被流箭射死，他的部将范潜带领五百多人投奔陶亮。这件事情使建康军队军心大震，许多人认为只有宁朔将军沈攸之（字仲达）接替殷孝祖的职务，才有转败为胜的可能。

　　沈攸之头脑很清醒，他知道殷孝祖阵亡，寻阳军队肯定会乘胜进攻。对建康军队来说，如果不主动发起攻势，就可能在敌人的冲击下溃不成军。但要主动发起攻势，首先各路人马要高度统一，互相团结。如今，和他名望、地位相同的还有建安王刘休仁派来增援的宁朔将军江方兴。江方兴也是一员

能征惯战的骁将，但他为人清高，从不肯居人之下。沈攸之决定委曲求全，便带领各将领来到江方兴的大帐。

江方兴见一下子来了这么多人，倒有点受宠若惊。

"方兴实在惭愧，各位军务繁忙……"他斟词酌句地说。

"江将军，"沈攸之直接切入正题，"如今到处叛乱，朝廷能统辖的地方，不过百里。殷孝祖是全军的主帅，刚一交战，就抬着尸体回来。眼下人心惶惶，朝野不安，不知将军有何高见？"

"沈将军所言，正是方兴所虑。依我看，关键是明日一战。"

"好！江将军一语中的。其实，殷孝祖的失败，是因为各路大军行动不统一。明日一战，必须有人统率全军。"

"对，我也是这样想。"

"有些将领认为应该由我指挥，可我认为我的才能、谋略、魄力都在将军之下。所以，我们请将军出任统帅。"

"不，不，还是沈将军……"江方兴连忙推辞。

"国难当头，请将军不要拒绝。攸之听候将军命令！"沈攸之说着，站起来向江方兴拱手作揖。

"沈将军……仲达！"江方兴十分激动，他向前一步，握住沈攸之双手说，"仲达真是虚怀若谷。好！方兴答应啦！"

从江方兴的大帐出来，有人责备沈攸之，说他有点低三下四。沈攸之坦然地说："我是为了整个国家，怎么能计较官职呢？我这个人能向人低头，他做不到。我要不让步，我们内部不就先斗起来了吗？"

第二天，各路大军在江方兴的统一指挥下，向寻阳的军队发动猛烈的进攻。刘休仁也及时派来增援部队，配合作战。就这样，从凌晨杀到中午，寻阳大军便全线崩溃，建康大军终于转败为胜。

◎故事感悟

沈攸之在己方军心涣散，而敌军首战告捷的情况下，想到只有团结所有军队，才能抵抗敌军。他为了团结一向清高、不肯屈居人下的江方兴，甘愿委屈自己去请求他，让江方兴来领导军队。这样充分地团结了军队的所有力量，使建康军队转败为胜。沈攸之这种顾全大局、不计较官位的精神是可敬的。

◎史海撷英

建　康

三国吴，东晋，南朝宋、齐、梁、陈先后都在建康建都，因此建康也是六朝政治、经济、文化的中心。原名金陵。秦置县，名秣陵。东汉建安十七年，孙权在此筑石头城，改称建业。西晋统一，仍名秣陵。太康三年，分秣陵北另置建邺县。后避愍帝司马邺讳更名建康。东晋南朝相承不改。故城在今江苏南京市。

◎文苑拾萃

遗萧道成书

萧道成即齐高帝，他是沈攸之的旧友。元徽四年（476年），沈攸之平定建平王刘景素反叛，驻江陵，因得罪合直阁高道庆，被诬反。高又派刺客持废帝手诏欲予加害。第二年废帝崩，顺帝即位，加封沈攸之车骑大将军、开府仪同三司。时萧道成已反，劝沈攸之共图大业。沈攸之感恩于刘宋，说："宁为王陵死，不作贾充生。"想到刘宋毕竟大势已去，写了《遗萧道成书》，抒发自己的曲折之心。信中从自己与他的昔年友谊落笔，落后数落萧道成为臣不恭、妄计废立之事，说"吾闻前哲绝交，不出恶言，但此自陈各节于胸心，因告别千载，放笔增叹，公私潜泪，想不深怪注言"。

屈突通忍私为国

◎志忍私然后能公，行忍性情然后修。——荀子

屈突通（557—628），长安（今陕西西安）人。少数民族。屈突氏，先世为库莫奚种人，依附鲜卑慕容氏，徙居昌黎（今辽宁朝阳），后家长安。初仕隋，后归唐。为人"好武略，善骑射"，尤以忠纯恭谨著称。隋末唐初大将，凌烟阁二十四功臣之一。

　　隋文帝时，屈突通历任虎贲郎将、左武卫将军，他为官刚正不阿，人称"宁食三斗葱，不逢屈突通"。李渊、李世民起兵太原后，屈突通奉命镇守河东。李渊的军队久攻河东不下，就"留兵围之"，然后渡过黄河，兵锋直指京师。屈突通留鹰扬郎将尧君素守蒲阪，亲自率军从武关趋蓝田援救长安，在潼关被李渊击败。这时有人劝屈突通投降，屈突通说："我受国恩深重，侍奉二主，怎能在国家危急存亡之际逃脱？只有以死相报！"他常常摸着自己的脖子说："要当为国家受人一刀！"士卒都为之感奋。李渊派屈突通的家僮来招降，屈突通大怒，斩杀了家僮。

　　隋朝末年，政治混乱，民不聊生，反抗隋朝统治的起义风起云涌。隋朝却"士无斗志，诸将多覆"，李渊很快攻克长安，屈突通全家都被俘获。听到这个消息，屈突通命部将桑显和驻守潼关，自己率兵奔赴洛阳。不料桑显和投降唐将刘文静，并和唐将窦琮、段志宏一起率领精锐骑兵追击他。屈突通只好"结阵以自固"。窦琮派屈突通的儿子屈寿去劝降，他对儿子大声呼喊道："昔与汝为父子，今与汝为仇雠！"命令手下士兵用箭射屈寿。这时，桑显和乘机向士兵喊道："京师陷矣，汝并关西人，欲何所去？"士兵纷纷放下武器

投降。屈突通不禁号泣道："臣力屈兵败，不负陛下，天地神祇，实所鉴察。"遂投降了唐朝，为秦王李世民行军元帅长史。

隋朝虽已灭亡，各地却仍存在着不少割据势力，如河北的窦建德、甘肃的薛仁杲、陕北的李轨、山西的刘武周、洛阳的王世充等。屈突通参加了统一全国的战争。平定薛举后，俘获的珍宝堆积如山，众将争着去取，只有屈突通一无所犯。唐高祖李渊称赞他"清正奉国，著在始终，名下定不虚也"。

屈突通随秦王李世民讨伐盘踞洛阳的王世充时，他有两个儿子在洛阳。唐高祖为屈突通担忧，对他说："东征王世充之事，现在托付给你了，但两个儿子怎么办呢？"屈突通毅然说："臣以老朽，诚不足以当重任。但自惟畴昔，执就军门，至尊释其缧囚，加之恩礼，既不能死，实荷再生。当此之时，心口相誓，暗以身命奉许国家久矣。今此行也，臣愿先驱，两儿若死，自是其命，终不以私害义。"唐高祖叹息说："徇义之夫，一至于此！"王世充平定后，屈突通功为第一。

◎故事感悟

屈突通"忠纯恭谨"，事国至忠。在讨伐王世充前，他没有因两个儿子而退却，而是勇猛地接受了讨伐的任务。他为消除割据、国家统一作出了巨大的贡献。他以大局为重、抛却私利的行为也相当可敬。

◎史海撷英

李渊建唐

李渊自晋阳起兵后，建置大将军府，称大将军，以四子李元吉留守晋阳，以长子李建成和次子李世民分率左、右军，出兵关中，攻取长安。途中遭到屯兵霍邑（今山西霍县）的隋武牙郎将宋老生阻击，当时阴雨绵绵，军饷尚未到达；又有流言称突厥与刘武周联合欲乘虚袭击太原。李渊便有还师太原之心，李建成兄弟俩坚决反对，这才继续进军，击败宋老生。

平定霍邑后，李渊率军直逼河东，又遭到隋骁骑大将军屈突通阻击。李世民建议兵贵神速，应避实就虚，直入关中。李渊左右权衡，决定分兵两路，由李世民率军渡河入关，直取长安，同时以相当的兵力对付屈突通。此时，李渊的女儿平阳公主率军前来，与李世民会师，李建成也自新丰至灞上。李渊自率大军自下邽西上，形成了对长安的包围之势。不久，隋都长安被李渊攻陷。

李渊进入长安后，立隋代王杨侑为帝，即隋恭帝，遥尊隋炀帝为太上皇。李渊挟天子以令诸侯，将杨侑这个傀儡皇帝牢牢控制在自己的手中。

618年夏，隋炀帝被宇文化及杀死。隋炀帝被杀，李渊便不再需要隋恭帝这个傀儡了，便于618年逼隋恭帝禅位，然后李渊即位称帝，建立唐朝。

◎文苑拾萃

时人为屈突语

佚 名

宁食三斗艾，不见屈突盖。
宁服三斗葱，不逢屈突通。

守将张巡

◎兵贵其和，和则一心；兵虽百万，指呼如一。——《兵镜吴子》

> 张巡（708—757），唐蒲州河东（今山西永济）人。一说唐南阳邓州人，据说死后被追封为"通真三太子"。

睢阳太守许远请张巡指挥守城。757年，叛军又由尹子奇率领13万人攻城，张巡、许远的兵力合起来才6000多人，双方兵力相差很大。张巡带兵坚守，和叛军激战16天，俘获敌将60多人，歼灭敌军两万多人。但城外的兵越聚越多，城里的兵越打越少。到后来，睢阳城里只剩下1600多人，又断了粮食，情况越来越危急。张巡无计可施，只好派南霁云带了30名骑兵突出重重包围，到临淮去借兵。

驻守临淮的大将贺兰进明害怕叛军，不愿出兵救睢阳。他见南霁云是个勇将，想把南霁云留下来做自己的部下，特地为南霁云举行了一次酒宴，请众将领作陪。南霁云心里急得像火烧，哪里喝得下酒。他流着眼泪激动地说："睢阳的军民已经有一个多月没进一粒米了，我在这里怎能忍心吃饭；就是吃了，又怎么能咽得下呀？将军手下有的是兵，眼看睢阳城陷落，却不肯分兵救援，这难道是忠臣义士该做的吗？"说着，他把自己的一个手指咬了下来，咬得满口鲜血淋漓，气愤地说："霁云不能完成主将交给我的使命，只好留下这个手指作证，回去也好有个交代。"南霁云起身就走，从别处借了3000士兵回到睢阳。到了睢阳城边，被叛军发现，又把他们围了起来。南霁云带着人马在城下展开了一场血战。张巡听到城外厮杀声，知道南将军回来，就打开城门，杀退敌人，把南霁云和一批士兵接应进城，结果借来的士兵这时只剩下1000人。

就这样，在粮绝缺援的情况下，张巡和许远率领士兵坚守睢阳半年有余，到了最后，全城只剩下400人，尹子奇再率领叛军用云梯爬上城头时，城墙上的守军饿得连拉弓射箭的力气都没有了，睢阳城就这样被攻陷了。张巡、许远、雷万春、南霁云等36名将领全部被俘。

叛将把他们一个个绑了起来，逼他们投降。他们把刀架在张巡脖子上，张巡冷笑一声，把叛将痛骂一顿。接下来轮到南霁云，南霁云没有作声。张巡转过脸朝着南霁云高喊说："南八（南霁云排行第八）！男子汉死就死，可不能在叛贼面前屈服啊！"南霁云笑笑说："张公放心吧。我心里在盘算用什么办法来收拾他们。哪会怕死？"叛将知道他们都不肯屈服，终于把他们杀害了。

河南节度使张镐得到睢阳危急的消息，赶快发兵，急行军赶到睢阳，打退尹子奇叛军，此时，睢阳城已经陷落三天了。又过了七天，郭子仪带领唐军收复洛阳。由于张巡他们的坚守，睢阳以南的江淮地区才没遭到叛军的破坏。

◎故事感悟

国难当前，守将张巡以国家社稷为重，不惜牺牲自己来保护睢阳以南的江淮地区，由于他所率领的兵民的坚持，虽然没有避免睢阳被敌军占领，但并没有遭到严重破坏，使当地百姓得以免遭涂炭。

◎文苑拾萃

郊庙歌辞·享太庙乐章·保大舞

（唐）郭子仪

于穆文考，圣神昭章。

肃勺群慝，含光远方。

万物茂遂，九夷宾王。

愔愔云韶，德音不忘。

兄弟议和共对外敌

◎人心齐，泰山移。——谚语

> 闽景宗王延曦（？—944），后改名王曦（又作王羲）。五代时期闽国君主。王审知之子，庙号景宗。他骄傲奢侈，荒淫无度，猜忌宗族，最终为部将所杀。
>
> 王延政（？—951），五代时期闽国末代君主。王审知之第十三子，人称十三郎，延羲之弟。王延政在位三年称恭懿王，国亡被俘，后事不明。

五代时期，闽南王王延曦即位后，改名王曦。他骄奢淫逸，暴虐无道，对自己的宗族总是猜忌，常常追忆过去的怨恨加以报复。建州刺史王延政是他的弟弟，王延政多次上书劝谏他，他一怒之下，派亲信官吏业翘做建州的监军，又让教练使杜汉崇做福州和建州之间的南镇的监军。指使业翘和杜汉崇暗中搜集王延政的隐私向其报告。因此，兄弟俩的积怨越来越深。

有一次，业翘和王延政在一起谈话，因为意见不合，两人发生了争执。业翘竟怒气冲冲地对王延政说："难道王公要造反吗？"

他的话激怒了王延政。王延政猛然一拍桌子，命令手下士兵杀死业翘。业翘吓得慌忙叩头谢罪，王延政这才饶了他，把他关进监狱里。业翘想方设法逃了出来，跑到南镇避难。王延政立刻发兵攻打南镇，南镇守军大败。然而，业翘已经逃回福州。

后来，王曦派统兵使潘师逵和吴行真率领四万大军攻打建州。潘师逵驻扎在建州城西，吴行真驻扎在建州城南，王延政见形势危急，马上向吴越求援。

然而一个月过去了，吴越的援军仍不见影子。这时，潘师逵派督军使蔡弘裔率领三千士兵出战，王延政派部将林汉彻在茶山把他们打败，斩杀敌人一千多。王延政见援军迟迟未到，便准备背水一战，与朝廷大军一决雌雄。

王延政在军中招募了一个一千多人的敢死队，晚上，借着月色的掩护，悄悄涉水过河，潜入潘师逵的大营。敢死队的士兵点燃了营帐，刹那间，火借风势，风借火威，潘师逵的大营顿时变成一片火海。建州城上的士兵见状，立刻擂鼓助威。潘师逵还没明白怎么回事，就被杀死了。他的士兵早已乱作一团，四处散逃。

王延政率领大军冲出建州，又向吴行真的大营发起进攻。吴行真看见城西烈焰腾空，根本无心恋战，连夜弃营而逃。建州军队大获全胜。

又过了一个月，吴越援军在宁国节度使仰仁诠的率领下赶到建州。王延政简直哭笑不得，他取出酒肉犒赏吴越军队，向仰仁诠讲明情况，一再致谢，请他班师回朝。可仰仁诠不但不走，反而陈兵建州城下，耀武扬威，声称决不能无功而返。王延政没想到自己引狼入室，当务之急，他为了建州不被吴越占领，于是向王曦求救。

王曦当然不肯让建州落到吴越手中，他迅速派出两万大军援助建州，切断了吴越军队的粮道。

五月的天气，阴雨连绵，暑热难耐。吴越军队孤军深入，粮草用尽，士兵也疲惫不堪。王延政见时机成熟，派兵向吴越军队发起进攻，吴越军队不堪一击，被打得溃不成军，死伤惨重。仰仁诠自讨没趣，只好狼狈地逃回吴越。

这之后，王延政派使者到福州与王曦盟誓议和。

◎故事感悟

本是同根生，相煎何太急。王氏兄弟在吴越军队入侵本国，即将丧失国土的危急关头，尽管之前因相互嫌隙而兵戎相见，但此时毅然地联合起来，对付他们共同的敌人，最终击败了入侵的敌人，维护了闽国的土地完整。

◎史海撷英

历史上的闽国

闽国（909—945）是五代十国的十国之一，先后定都于长乐（今福建福州）、建州（今福建建瓯）。唐昭宗景福二年（893年），王潮、王审知王氏兄弟攻占福州，并逐渐据有福建全地。王潮被授职为福建观察使，不久升为威武军节度使。唐乾宁四年（897年）王潮死，其弟王审知受封为琅琊王。后梁开平三年（909年），王审知受封为闽王。王审知称臣中原，交好邻国，提倡节俭，减轻赋役，以保境息民为立国方针，他还建立学校，奖励通商。其在位期间，闽地的经济文化得以迅速发展。后唐天成元年十月（927年），王审知长子王延翰称大闽国王。闽国共历六主36年。后唐长兴四年（933年）审知次子王延钧称帝，国号闽，建都长乐，年号龙启。之后闽国内乱，永隆五年二月（943年），王延钧弟王延政于建州称帝，国号殷，年号天德。天德三年（945年），王延政复国号为闽，不久即为南唐所灭。

◎文苑拾萃

七步诗

（三国·魏）曹植

煮豆持作羹，漉菽以为汁。
萁在釜下燃，豆在釜中泣。
本是同根生，相煎何太急？

赴和会抛丧妻之痛

◎公家之利，知无不为，忠也。——《左传》

　　顾维钧（1888—1985），汉族。字少川。江苏嘉定（今属上海嘉定区）人。中国近现代史上最卓越的外交家之一，北洋政府和国民党政府时期外交界的领袖人物，中华民国高级外交官员，1915年起历任北洋政府驻墨西哥、美国、古巴、英国公使。1919年和1921年，作为中国代表团成员出席巴黎和会和华盛顿会议。被誉为"民国第一外交家"。

　　1918年，第一次世界大战结束，巴黎和会即将召开。当人们陶醉在胜利的喜悦之中时，顾维钧却正在为爱妻的去世深深悲痛。

　　顾维钧的妻子唐宝玥是唐绍仪之女，二人感情甚笃。然而，1918年有一场疫病席卷全球（今天被称做西班牙流感），唐宝玥不幸染病去世，留下了一儿一女。此时，顾维钧接到了担任全权代表之一的任命。北京政府任命的代表共5人，分别是外交总长陆征祥、南方政府代表王正廷、驻英公使施肇基、驻比公使魏宸组、驻美公使顾维钧。顾维钧因为家事，一度想谢绝任命，但最终他还是决定为国出使。起程前，顾维钧专程拜访了美国总统威尔逊。威尔逊许诺愿意支持和帮助中国，这让顾维钧对即将开幕的和会多了一份信心和期望。

　　1918年深冬，顾维钧抵达巴黎。这一年，他31岁。刚到巴黎，代表团就遭遇到了第一个打击——和会席位问题。各个国家被划分为三等，一等的五个大国英美法意日可以有五席，其他一些国家三席，一些新成立、新独立的国家两席，中国被划为最末一等，只能有两个席位。虽然只有两个席位，但五位代表可轮流出席。在代表团排名问题上，波澜又起。按陆征祥报送北京的名单，顺序依次为：陆征祥、王正廷、施肇基、顾维钧、魏宸组。然而，北京政府的正式命令下达时排名却被换成了：陆征祥、顾维钧、王正廷、施肇基、魏宸组，这就引起了王正廷和施肇基的强烈不满，在代表团中埋下了不和的种子。随着和会的进行，代表团内部的矛盾也在不断升级。

中国准备向和会提出收回山东权利问题，但还没来得及提出，日本就先发制人，率先在五个大国的"十人会"上提出德国在山东的权益应直接由日本继承。大会通知中国代表到下午的会上作陈述，代表团接到通知时已是中午。这对于中国代表团又是一个晴天霹雳。

经过一番周折，确定由顾维钧代替王正廷出席。下午的会议作出决定，有关山东问题，由中国代表次日进行陈述。1919年1月28日，顾维钧受命于危难，就山东问题做了一次缜密细致、畅快淋漓的精彩发言，从历史、经济、文化各方面说明了山东是中国不可分割的一部分，有力地批驳了日本的无理要求。在他的雄辩面前，日本代表完全处于劣势。各国首脑纷纷向他表示祝贺，顾维钧在国内外一举成名。这次雄辩在中国外交史上地位非凡，是中国代表第一次在国际讲坛上为自己国家的主权所做的一次成功的演说。形势对中国本来十分有利，然而，到了4月，变化陡生。因分赃不均，意大利在争吵中退出了和会。日本借机要挟：如果山东问题得不到满足，就将效法意大利。为了自己的利益，几个大国最终决定牺牲中国的合法权益，先后向日本妥协，并强迫中国无条件接受。这一事件点燃了"五四运动"的火种。

1919年1月28日，美、英、法、日、中国在巴黎讨论中国山东问题。战败国德国将退出山东，日本代表牧野却要求无条件地继承德国在山东的利益。中国代表顾维钧听了，站起身面对其他四周代表问道："西方出了圣人，他叫耶稣，基督教相信耶稣被钉死在耶路撒冷，使耶路撒冷成为世界闻名的古城。而在东方也出了一个圣人，他叫孔子，连日本人也奉他为东方的圣人。牧野先生你说对吗？"牧野不得不承认："是的。"顾维钧微笑道："既然牧野先生也承认孔子是东方的圣人，那么东方的孔子就如同西方的耶稣，孔子的出生地山东也就如耶路撒冷，是东方的圣地。因此，中国不能放弃山东正如西方不能失去耶路撒冷一样！"美国总统威尔逊、英国首相劳合·乔治和法国总理克里孟梭——巴黎和会的三巨头听完顾维钧掷地有声的声明，一齐走上前握住他的手，称他为中国的"青年外交家"。

面对如此现实，代表团成员心灰意冷，有的代表离开了巴黎，团长陆征祥住进了医院。和会最后一段时间里，顾维钧独自担当起了为中国作最后努力的职责，一直坚持到和约签订前的最后一刻。然而，不管顾维钧如何努力，都没有结果，中国的正当要求一再被拒绝。保留签字不允，附在约后不允，约外声明又不允，只能无条件接受。如此情况下，顾维钧感到：退无可退，只有拒签，表明中国的立场。他把这一想法汇报给陆征祥，陆征祥同意了他的意见。于是，1919年6月28日，当签约仪式在凡尔赛宫举行时，人们惊奇地发现：为中国全权代表准备的两个座位上一直空无一人。中国用这种方式表达了自己的愤怒。签约仪式的同时，顾维钧乘坐着汽车经过巴黎的街头。汽车缓缓行驶在黎明的晨曦中，他觉得一切都是那样黯淡——那天色，那树影，那沉寂的街道。他想，这一天必将被视为一个悲惨的日子，留存于中国历史上。同时，他暗自想象着和会闭幕典礼的盛况，想象着当出席和会的代表们看到为中国全权代表留着的两把座椅上一直空荡无人时，将会怎样地惊异、激动。这对我、对代表团全体、对中国都是一个难忘的日子。中国的缺席必将使和会、使法国外交界，甚至使整个世界为之愕然，即使不是为之震动的话。

这次拒签在中国外交历史中具有里程碑式的意义。中国第一次坚决地对列强说"不"，终于打破了"始争终让"的外交局面，最后没有退让。这也是中国外交胜利的起点。以后，中国一步步夺回了丧失的主权。

巴黎和会悬而未决的山东问题，最终在1921年华盛顿会议上得到了解决。经过36次谈判，中日签署了《解决山东悬案条约》及附件，日本无可奈何地一步步交出了强占的山东权益。在这次会议上负责山东问题并最终虎口夺食的，也是33岁的顾维钧。

◎故事感悟

　　身为中华民族的代表，顾维钧在巴黎和会上没有惧怕列强的强大与胁迫，在国家主权问题上寸步不让，通过他的机智雄辩与人格魅力，征服了"三巨头"，最终在华盛顿会议上维护了我国对于山东的主权，粉碎了日本妄图侵占我国山东的阴谋。他不畏强权、保护国土完整、坚持民族大义、维护国家主权的精神，时时刻刻都激励着我们！

◎史海撷英

巴黎和会

　　1919年1月18日至6月28日，第一次世界大战的战胜国（协约国）和战败国（同盟国）在巴黎凡尔赛宫召开的和平会议，称为巴黎和会。共27国参加，苏俄未被邀请。会议标榜通过媾和建立世界永久和平，实际上是英国、法国、美国、日本、意大利帝国主义战胜国分配战争赃物，重新瓜分世界，策划反对无产阶级革命和民族解放运动的会议。巴黎和会是中国"五四运动"的导火线。

◎文苑拾萃

《顾维钧回忆录》

　　这部回忆录是顾维钧以17年时间口述完成的，是巨变频仍的半个多世纪里，中国历史特别是国际关系领域许多重大情节的权威记录，内容十分细致。而且，因为顾氏在其政治生涯的大部分时间里保持着非党人士的职业外交家身份，也使得他的描述更具有特殊意义。

ZHONGHUACHUANTONGMEIDEBAIZIJING
中华传统美德百字经

全·顾全大局

第三篇

大局为上方成大业

为苍生社稷三过家门而不入

◎鞠躬尽瘁，死而后已。——诸葛亮

禹（生卒年不详），姒姓夏后氏，名文命，号禹，后世尊称大禹。夏后氏首领，传说为帝颛顼的曾孙，黄帝轩辕氏第六代玄孙。他的父亲名鲧，母亲为有莘氏女修已。相传禹治黄河水患有功，受舜禅让继帝位。禹是夏朝的第一位天子，因此后人也称他为夏禹。他是我国传说时代与尧、舜齐名的贤圣帝王，他最卓著的功绩，就是历来被传颂的治理滔天洪水，又划定中国国土为九州。后人称他为大禹，也就是伟大的意思。

大禹治理黄河之前，黄河流到中原，没有固定的河道，到处漫流，经常泛滥成灾。地面上七股八道、沟沟岔岔全是黄河水。

尧在位的时候，黄河流域发生了很大的水灾，庄稼被淹了，房子被毁了，老百姓只好往高处搬。尧召开部落联盟会议，商量治水的问题。他征求四方部落首领的意见：派谁去治理洪水呢？首领们都推荐鲧。尧对鲧不大信任。首领们说："现在没有比鲧更强的人才啦，你试一下吧！"尧才勉强同意。鲧花了九年时间治水，曾用填土、固堤之法治理洪水，历时九年而没有把洪水治好，因而被帝舜处死。但接着，舜又举荐大禹代父治水，于是帝尧就命禹接替父职继续治理洪水。大禹治水，受命于危难之际。大禹没有因父被诛而心生私怨，而是以天下百姓利益为重，顾全大局，义不容辞地挑起了治水的重担，将全副身心投入到治水大业。大禹在治水过程中"不以私害公"。

禹30多岁的时候，在涂山（今浙江绍兴县西北）遇到一个名叫女娇的姑娘，两人相互爱慕，便成了亲。禹新婚仅仅四天，还来不及照顾妻子，便为了治水，到处奔波，13年间"三过家门而不入"，一心扑在治水上。第一次，妻子生了病，没进家去看望；第二次，妻子怀孕了，没进家去看望。第三次，妻子生下了儿子启，婴儿正在哇哇地哭，禹在门外经过，听见哭声，也忍着没进去探望。为了治水，大禹奔波于三山五岳之间，足迹遍布黄河上下、大江南北。

大禹首先寻找了以前治水失败的教训，接着就带领契、弃等人和徒众助手一起跋山涉水，把水流的源头、上游、下游大略考察了一遍，并在重要的地方堆积一些石头或砍伐树木作为记号，便于治水时作参考。这次考察是很辛苦的。有一次他们走到山东的一条河边，突然狂风大作，乌云翻滚，电闪雷鸣，大雨倾盆，山洪暴发了，一下子卷走了不少人。有些人在咆哮的洪水中淹没了，有些人在翻滚的水流中失踪了。大禹的徒众受了惊吓，因此后来有人就把这条河叫徒骇河（在今山东禹城和聊城县一带）。

考察完毕，大禹对各种水情作了认真研究，改变了他父亲的做法，他带领群众采用开山、疏浚等方法。大禹亲自率领徒众和百姓，带着简陋的石斧、石刀、石铲、木耒等工具，开始治水。他们一心扑在治水上，露宿野餐，粗衣淡饭，风里来雨里去，扎扎实实地劳动着。尤其是他本人，起早贪黑，兢兢业业，腰累疼了，腿累肿了，仍然不敢懈怠。他和老百姓一起劳动，戴着箬帽，拿着锹子，带头挖土、挑土。禹的脚因为长年泡在水里，连脚跟都烂了，只能拄着棍子走。

当时，黄河中游有一座大山，叫龙门山（在今四川）。它堵塞了河水的去路，把河水挤得十分狭窄。奔腾东下的河水受到龙门山的阻挡，常常溢出河道造成水灾。禹到了那里，观察好地形，带领人们开凿龙门，把这座大山凿开了一个大口子。这样，河水就畅通无阻了。

在开凿三门峡时，工程极其艰巨，大禹准备祭奠天神地祇，可是地处荒郊野外，没有祭品。大禹急中生智，就将自己的衣服全部脱掉，赤条条地伏在大俎上，作为牺牲祭品，以享天地诸神。

经过10年的努力，禹带领人们凿开了龙门山，挖通了九条河，终于把洪水引到了大海里，地面上又可以供人种庄稼了。

禹曾对舜和皋陶说："我每天只是努力地工作。大水弥漫接天，浩浩荡荡地包围了山顶，淹没了丘陵，老百姓陷落在洪水里。我乘坐四种交通工具，沿着山路砍削树木作为路标，同伯益一起把新猎的鸟兽肉送给百姓们。我疏通了九州的河流，使其流到四海，挖深并疏通了田间的大水沟，使他们流进大河；又同稷一起教民稼穑，把百谷、鸟兽肉送给百姓们，让他们互通有无，调剂余缺。这样，百姓们就安定下来了，各个诸侯国也开始得到了治理。"

大禹公而忘私、无私奉献的事迹名垂青史，难以尽述。所以孔子发出了这样的感叹："巍巍乎，舜、禹之有天下也，而不与焉。"意思是说，多么伟大啊！舜、禹虽掌握了天下却丝毫不为自己。孔子也曾赞美禹说："禹真是崇高伟大啊，虽拥有天下，却一点也不贪图个人享受和私利。"

◎故事感悟

公而忘私是人类社会的最高美德，大禹身体力行地践履了这一美德。大禹治水，忠贞为公，任劳任怨，不惜牺牲个人幸福，体现了我们华夏民族崇高的献身精神。几千年来，大禹治水三过家门而不入，已成为公而忘私这一伟大精神的代名词。

◎史海撷英

大禹分九州

禹接位后，中原各部落逐步形成以夏族为中心的领导集团。禹在这个集团中的地位已初具王权性质。各氏族部落如有不听号令者，就要以刑罚来惩办。

禹为了巩固夏王朝，把全国分为九州，即冀州、兖州、青州、徐州、扬州、荆州、豫州、梁州、雍州，进行管理。他还到南方巡视，在涂山（今安徽蚌埠市西）约请诸侯相会。禹为纪念这次盛会，把各方诸侯部落酋长们送来的青铜铸成九个鼎，象征统一天下九州，成为夏王朝之象征。

◎文苑拾萃

水调歌头

（宋）范成大

万里汉家使，双节照清秋。旧京行遍，中夜呼禹济黄流。寥落桑榆西北，无限太行紫翠，相伴过芦沟。岁晚客多病，风露冷貂裘。对重九，须烂醉，莫牢愁。黄花为我，一笑不管鬓霜羞。袖里天书咫尺，眼底关河百二，歌罢此生浮。惟有平安信，随雁到南州。

子产治国不恤谤

◎苟利国家，不求富贵。——《礼记·儒行》

> 子产（？—前522），姓公孙，名侨，又字子美。春秋时期郑国（今河南新郑）人。著名的政治家和思想家。国侨是郑穆公之孙，公子发之子。所以又称公孙侨。公子发字子国，其后以"国"为氏。公元前554年任郑国卿后，实行一系列政治改革，承认私田的合法性，向土地私有者征收军赋；铸刑书于鼎，为我国最早的成文法律。他主张保留"乡校"、听取"国人"意见，善于因才任使，采用"宽猛相济"的治国方略，将郑国治理得秩序井然。

春秋中期，郑国处于争霸的两大国晋、楚之间，"晋来即与晋，楚来即与楚"，十分被动，加上国内矛盾激化，政治很不稳定。鲁襄公十年（公元前563年），郑国的执政子驷"为田洫"，进行了一些改革，侵犯了一些大贵族的利益，"五族聚群不逞之人，因公子之徒以作乱"，子驷、子国等被杀。在平息这场叛乱的过程中，年轻的子产崭露头角，逐渐走上了从政的道路。

鲁襄公三十年（公元前543年），子产做了郑国的执政。执政当年，他就针对郑国"国小而偪，族大宠多"的现实，在政治、经济上做了一系列的改革，使大小城市等级分明，上下官员各有分职。重新划定公私田亩的疆界，在井田上建起农舍。嘉许提拔忠俭的官员，罢黜奢侈腐化的官员。改革之初，遇到的阻力很大，很多人说：拿我们的衣冠去交税，拿我们的土地去出赋，谁要杀子产，我跟你一起去干！但三年之后，改革大有成效，人们对子产的态度有了改变，他们歌唱说："我有子弟，子产诲之；我有田畴，子产殖之。

子产而死，谁其嗣之？"

鲁昭公四年（公元前538年），子产又对军赋进行改革。这次改革的幅度比较大，其基本做法是按丘（古代地方组织的名称，九夫为井，四井为邑，四邑为丘）出赋，承认个体农民的合法性，并承认他们中的一部分可以有做甲士的资格（之前甲士只有士一级的人才有资格做）。这就激起了一部分贵族的愤怒和反抗。他们咒骂子产："其父死于路（指子国），己为蚕尾（自己又作了蚕人的蝎子尾巴）。以令于国，国将若之何？"子宽把这些话告诉了子产，并劝他慎重些。子产说：这有什么害怕的？"苟利社稷，死生以之。且吾闻为善者不改其度，故能有济也。民不可逞，度不可改。……吾不迁矣！"

鲁昭公六年（公元前536年），子产在田制和兵赋改革的基础上又"铸刑鼎"，把刑法条文铸在铁鼎上公布于众。其意在于公开法律准绳，限制贵族只凭自己的好恶滥施刑罚。晋国的叔向听说了这件事，就给子产写了一封信，说："老百姓了解了国家的法律，就不再畏忌上司，还会以法律条文为根据和上司作对，这样今后就不好办了。您执政以来，重新划分土地疆界，推行挨骂的政策，制定了三种法律，还把法律条文铸在铁鼎上，用这样的办法来安定百姓，是做不到的。我听说：国家将要灭亡，必然多订法律，你做的事大概就属于这种情况吧？"子产回信说："侨不才，不能及子孙，吾以救世也。"他明确表示：我这样做，并不是为了自己的子孙，而是为了挽救郑国的危亡，所以并不怕别人责难！

子产对郑国政治、经济、军事的改革，使郑国出现了新气象，国力大为增强。在国内改革的同时，子产又以灵活的手腕开展外交斗争，使郑国在晋、楚两大霸主的夹缝中保持了独立和尊严。子产死，"仲尼闻之，出涕曰：'古之遗爱也。'"

◎故事感悟

子产始终坚持变法兴邦，丝毫不在意别人的毁誉，时刻以挽救国家危亡为己任，一心改革，最终使郑国国力大大增强。

◎史海撷英

子产不毁乡校

郑人游于乡校，以议执政之善否。然明谓子产曰："何不毁乡校？"子产曰："何为？夫人朝夕退而游焉，以议执政之善否。其所善者，吾将行之；其所恶者，吾将改之，是吾师也，如之何毁之？吾闻忠善以损怨，不闻作威以防怨。岂不遽止？然尤防川也：大决所犯，伤人必多，吾不能救也；不如小决之使导，不如吾闻而药之也。"然明曰："蔑也，今而后知吾子之信可事也。小人实不才。若果行此，其郑国实赖之，岂唯二三臣？"

◎文苑拾萃

子产库

（北宋）黄庭坚

区区小郑多君子，谁若公孙用意深。
监巫执节诛腹诽，不除乡校独何心。

孙刘联军退曹操

◎若不团结，任何力量都是弱小的。——谚语

> 孙权（182—252），字仲谋。汉族。吴郡富春县（今浙江富阳）人。三国时期吴国的开国皇帝，229—252年在位。传说是中国兵法家孙武后裔。长沙太守孙坚次子，幼年跟随兄长吴侯孙策平定江东，200年孙策早逝，孙权继位为江东之主。208年，孙权与刘备联盟，并于赤壁击败曹操，天下三分局面初步形成。219年孙权自刘备手中夺得荆州，使吴国的领土面积大大增加。222年孙权称吴王，229年称帝，正式建立吴国。

建安十三年（208年）十月，曹操统率20多万人进占荆州之后，率军东进，声言以80万大军与孙权"会猎于吴"。

曹操进兵荆州的消息在孙权集团内部引起严重不安。因此，鲁肃一听到刘表的死讯，就对孙权说："荆州与我们接壤，地势险要，沃野万里，百姓富有，如能获取此地，将是成就霸王之业的资本。现在刘表新死，其二子不和，军中的将领也分成派别，互不相助。而刘备是一个野心抱负极大之人，同曹操素有怨仇，他寄居在刘表帐下，刘表顾忌他的才能，一向不敢重用他。现在如若刘备与荆州军民团结一致，同心合力，我们就同他们结成同盟；如若他们离心离德，互不合作，就另想办法夺取荆州，以成就大事。请派我去向刘表的两个儿子吊丧，慰劳他们的将领，以便借机观察、了解荆州内部的情况。然后劝说刘备，让他招抚刘表的部众，和我们同心协力，共同抗击曹操。这样刘备定会欣然听从我们的建议，此事如能成功，那么大局就可稳定下来。

如果不赶快去往荆州，恐怕荆州便有被曹操先行夺占的危险。"孙权同意鲁肃的建议，并命其立即去荆州。

鲁肃到达夏口时，得知曹操已向荆州进发，于是他日夜兼程赶往荆州，当他进至南郡（今湖北江陵）时，刘琮已向曹操投降，刘备正向南退走，鲁肃便决定直接取道迎接刘备，与刘备在当阳长坂坡相遇。鲁肃向刘备说明来意，并转达了孙权对刘备的敬意后，便与刘备谈论天下的形势。鲁肃询问刘备的去向，刘备答准备投奔苍梧太守吴臣。鲁肃接着劝阻刘备说："孙权聪明而有才智，待人宽厚和气，器重贤能之才，江南的英雄豪杰都愿意归附于他。目前已占有六郡之地，兵精粮足，完全能够成就大业。现在为将军打算，不如派一个可靠之人，前去与孙权结好，互相援助，以完成各自的事业。"刘备听了很高兴，决心与孙权结盟抗曹。于是，采取鲁肃的计划，率军进驻于樊口（今湖北鄂州）。

曹操即将顺江而下的消息传至樊口后，诸葛亮看到局势紧急，便向刘备请求让他去孙权军中结盟。鲁肃与诸葛亮之兄诸葛瑾是好友，诸葛瑾是孙权的长史，鲁肃便欣然与诸葛亮同回孙权的大本营柴桑（今江西九江）。

诸葛亮见了孙权后说："自天下大乱以来，将军起兵占据江东，刘玄德也在汉水以南聚集力量，与曹操并争天下。现在曹操已铲除了他的劲敌，北方已经大致平定。今又攻破荆州，威镇四海，使英雄无用武之地，故刘玄德逃到此地，希望将军能根据你的实力恰当地应付目前的局势。如果你打算用吴越地区的力量与曹操争夺中原，则应趁早与曹操绝交；如若不能与曹操争雄，那你就放下武器，趁早投降，侍奉曹操！如今你表面上挂着服从曹操的招牌，内心又犹豫不决，想独自完成大业，事情已到危急关头，如若不当机立断，恐怕没有几天就要大祸临头了。"孙权质问诸葛亮说："既然如此，那么刘备为什么不向曹操投降呢？"诸葛亮答道："田横只不过是齐国一个壮士，尚能坚守节义，不肯降服受辱，何况刘豫州是王室的后代，又是盖世无双的英才，民心归服他犹如江河归向大海一样。如若不能成就大业，也是天意所致，怎么能向曹操降服呢？"孙权听后勃然大怒地说："我决不能以东吴之地和10万兵马去受制于人，我的主意已定。我很清楚，除了刘备，再没有别人能够和我一齐抵抗曹操的了。但是，刘豫州刚刚吃了败仗，怎么能够抵挡曹操这样的强敌呢？"诸葛亮说："刘豫州的军队虽新败于长坂，但现已回归的士卒加上关羽的水军，合起来有精兵一万，刘琦统率的江夏兵也不下于一万多人。曹军远从北方而来，已疲劳不堪，而又轻兵冒进，他为追赶刘备，轻骑一天一夜，兼程急进300里，已是强弩之末，势不能穿鲁缟，兵法对此断言说，这样势必损失主将。再说曹操军队都是北方人，不习惯于水上作战；荆州的百姓归附曹操，这是一时惧于曹军的声威，并非真心降服。现在，你如能命猛将带数万精兵，与刘豫州订约结盟，同心协力，定可战胜曹军。曹军一旦战败，曹操必然返回北方，这样荆州与东吴就会强大起来，三分天下的形势就形成了，成败与否，全在今天！"孙权听了诸葛亮的陈述，十分高兴，便立即召集其部将商议与刘备结盟之事。

　　正在此时，曹操派人下书孙权说："我奉朝廷命令讨伐有罪之人，兵锋南指，刘琮便已降服。我现已训练水军80万，打算与你在江东较量一番。"孙权把这封信传给大臣们观看，众人皆惊慌失色。孙权的长史张昭等人向孙权建议说："曹操如狼似虎，十分凶狠，动不动就假托皇帝的旨意征伐四方。今天如若抗拒他，我们就成了抗拒皇帝的乱臣逆子，道义上极为不利。而且我们借以与曹操抗衡的，只有长江天险，如今曹操已占领荆州，据有长江的险要之地，他又俘获了刘表训练的水军，战船数千只，现已全部沿江展开，再加上他的步兵，就可以水陆两军顺江东下，长江的天险已是曹操与我们所共有。再说双方的实力对比，敌众我寡，无法与之匹敌，因此，依我们的看法，最好的策略莫过于向曹操投降。"只有鲁肃一言不发。孙权起身外出，鲁肃追至屋外，向孙权建议说："刚才大家的意见，都将把将军引向错误的道路，不能以这些人的意见来决定大事。今天，我鲁肃可以投降曹操，但你却不能。为什么这样讲？因为我投降了曹操，曹操可以派我回归故里，凭着我的声名和地位，总能做一个地方州府里的小官，出门仍可以坐着牛车，有小吏和士卒随从，还可与一些有学问的人交友往来。一旦有了功劳，尚可晋级晋升，当个州郡的官。假如你投降了曹操，试想能得到个什么下场呢？因而，望你能迅速决定大事，不要听从他们的议论。"孙权非常赞同鲁肃的意见，并感叹上天把鲁肃这样的贤才赐予自己。

这时候，将军周瑜恰好出使去了鄱阳，鲁肃建议急召周瑜回来议事。周瑜向孙权建议说："曹操名为汉朝的丞相，实为汉朝的奸贼。以你的威武和才能，又有父兄所建立的事业为依托，割据江东，占地几千里，兵精财富，足够应用，英雄豪杰都愿意为你效力，这正是你横行天下，为汉朝铲除残暴势力的时候，曹操此行是前来送死，岂有再向曹操投降之理！请让我为你分析一下大局形势：现在曹操并未把北方完全平复，马超、韩遂还在关西，为曹操的后方之患。曹操舍弃了北方军队善于驰马作战的特长，而以水军与我们较量。现天至隆冬，马缺草粮，他从遥远的北方驱赶士兵，涉江渡水而来，水土不服，军营之内必定疾疫流行。这几种情况，都是用兵之大忌，但曹操却冒险而行，因此，您擒获曹操就决定于今日了。请给我精兵数万，进驻夏口，保证能够击破曹军。"孙权说："曹操老贼，打算废掉汉献帝自己做皇帝已经很久了，只是怕袁术、袁绍、吕布、刘表和我几个人而已。现在他们都已被消灭，只有我在，我与曹操势不两立。你分析得很正确，这样可以战胜曹操，与我的想法完全相同，这是上天把你赐予我。"孙权说罢，拔刀砍掉自己书桌的一角，斩钉截铁地说："文武百官有谁敢再说向曹操投降的，就和这书桌一样！"

这之后不久，双方在赤壁地区的江面上进行了历史上著名的赤壁之战。

◎故事感悟

孙刘两方，在曹操大军压境之时及时联合起来，因为凭借他们各自的力量均不能抵挡曹军的大举进犯，如各自为战，必会招致灭亡的危险。双方的谋士均以存亡大局为重，想到了联合对方，共同抗曹。在面对强大的敌人时，我们既要有自知之明，又要顾全大局，为自己的生存而坚持，积极寻求战胜对方的途径。从整体的利益出发，使彼此不受损害，这不仅是我们在为人做事时应坚持的原则，也是作为我们中华民族传统美德的一部分应该继承和发扬的。

◎史海撷英

赤壁之战

　　赤壁之战是指三国形成时期，孙权、刘备联军于汉献帝建安十三年（208年）在长江赤壁（今湖北赤壁西北）一带大胜曹操军队，奠定三国鼎立基础的著名战役。战争日期在208年七月至208年十一月。曹操自负轻敌，指挥失误，加之水军不强，且军中出现瘟疫，终致战败。孙权、刘备在强敌面前，冷静分析形势，结盟抗战，扬水战之长，巧用火攻，创造了中国军事史上以弱胜强的著名战例。

◎文苑拾萃

南乡子·登京口北固亭有怀

（南宋）辛弃疾

何处望神州？满眼风光北固楼。

千古兴亡多少事？悠悠，不尽长江滚滚流！

年少万兜鍪，坐断东南战未休。

天下英雄谁敌手？曹刘。生子当如孙仲谋！

唐回联合护边疆

◎方如行义，圆如用智。——李泌

李泌（722—789），字长源。唐陕西京兆（今陕西西安市）人。唐朝大臣，历仕玄宗、肃宗、代宗、德宗四朝。德宗时，官至宰相，封邺县侯，世人因称李邺侯。天宝中，为杨国忠所忌，归隐名山。安禄山叛乱，肃宗即位灵武，召他参谋军事，又为幸臣李辅国等诬陷，复隐衡岳，成为南岳第一个钦赐的隐士。肃宗为他在南岳烟霞峰下兜率寺侧建房，名之为"端居室"，后人称之为"邺侯书院"，是中国书院史上最古老的一所书院。代宗即位，召为翰林学士，又屡为权相元载、常衮排斥，出为外官。著有《养和篇》和《明心论》。尤工于诗，如《复明堂》、《九鼎议》、《建宁王挽歌词》、《八公诗》等，有文集二十卷。

回纥合骨咄禄可汗顿莫贺屡次想与唐朝和亲，唐德宗李适一向对回纥没什么好印象，因而几次都没有同意。这时边疆的将领禀报朝廷说马匹奇缺，而朝廷也一时拿不出那么多的马，中书侍郎李泌对唐德宗说："如果陛下采用我的计策，我保证10年之后，马价只是现在的十分之一。"

唐德宗有些怀疑地问："真的吗？"

李泌说："希望陛下从国家利益出发，放弃个人偏见，那我才能说。"

唐德宗催促说："李卿快说吧。"

李泌这才从容地说道："希望陛下能与北面的回纥和好，与南面的云南往来，与西面的大食和天竺结交，这样吐蕃就会孤立，马匹自然容易得到。"

唐德宗摇摇头说："云南、天竺、大食可以按李卿说的办吧。至于回纥，那不行！"

"回纥是其中最重要的。"

"李卿不要再说什么回纥了。"

"我身为宰相，怎么能不谈呢？"

"李卿的话，朕当然听从，只有回纥，只要朕在位一天，就不会通融。"

李泌问道："是什么使陛下和回纥结怨这么深，难道是陛下在陕州受辱那件事？"

"正是。朕还没来得及给回纥点儿颜色看呢，通好是绝不可能的！"

"合骨咄禄可汗对陛下可是有功的。振武留后张光晟杀掉回纥董突等900多人，合骨咄禄可汗也没对朝廷使者怎么样，合骨咄禄有什么罪？"

唐德宗口气和缓下来说："让朕再考虑考虑。"

此后，李泌15次上书谈及回纥问题，唐德宗都没有答复。李泌无奈，只好请求皇帝准许他辞职。

唐德宗说不是他不接受规劝，而是要再三考虑得失。李泌说："陛下总以为自己受了委屈，可是，香积寺获胜时，叶护准备领兵进入长安，先帝亲自阻止了他们。在场的百姓都赞叹说，广平王真是华夏与蛮夷共同的主人啊！到底谁受委屈呢？而且回纥两次帮我们收复京都，吐蕃趁乱攻城略地，居然领兵击入长安，致使先帝流亡陕州，这才是我们要报的仇。如今，吐蕃常年陈兵边境，骚扰大唐边疆地区，而且，一旦和回纥联合，我们就将处于极为不利的形势之中。"

唐德宗于是幡然醒悟。不久，顿莫贺派使者上表自称儿臣，对大唐的约定一一遵照执行。自此，两方军队共同对付吐蕃，保证了边疆地区的安定。

◎故事感悟

　　李泌是唐朝著名的贤臣，历仕玄宗、肃宗、代宗、德宗四朝。在唐德宗反感回纥，而吐蕃又积极笼络回纥一起侵犯唐朝的情况下，李泌始终以大唐的安危为重，坚持大唐应同回纥联合。这样，既可以达到抵制孤立吐蕃的目的，又能促进唐与回纥的民族关系。李泌不惜辞官，指责唐德宗，为大唐的稳定及民族的融合作出了突出贡献。

◎史海撷英

邺侯书院

邺侯书院在烟霞峰下，原名端居室，是唐朝宰相李泌隐居的地方。据说李泌7岁能写文章，受到唐玄宗的喜爱。燕国公张说称他为"奇童"，宰相张九龄呼之为"小友"。德宗时，位至宰相，封为邺侯。李泌死后，其子李繁在南岳的左侧修了个书院纪念他，叫做南岳书院。南宋时，迁到集贤峰下，改为邺侯书院。到了元代，书院遭到破坏。清乾隆年间（1736—1796），衡山一个知县在烟霞峰下的李泌故居处，建立了一个义学，仍叫邺侯书院。

现存建筑系清光绪十六年（1890年）邑人陈治与集贤书院山长戴心葵所建，民国年间及新中国建立后均有修葺。邺侯书院坐北朝南，建筑面积200余平方米；单体石木结构，面阔五间，进深一间；无梁架，庑殿顶，盖黄色琉璃瓦。门上嵌汉白玉横额，阴刻隶书"邺侯书院"；门前石柱刻联"三万轴书卷无存，入室追思名宰相；九千丈云山不改，凭栏细认古烟霞"。

◎文苑拾萃

咏方圆动静

（唐）李泌

方如行义，圆如用智。

动如逞才，静如遂意。

力保降将为战局

◎利于国者爱之，害于国者恶之。——晏婴

李愬（773—821），唐代大将。字符直。洮州临潭（今属甘肃）人，李晟子。有韬略，善骑射，初任坊、晋二州刺史。元和十一年（816年），任唐、随、邓节度使，率兵讨伐吴元济的叛乱。

在各个藩镇中，淮西是个顽固的割据势力。814年，淮西节度使吴少阳死去，他的儿子吴元济自立。唐宪宗发兵征讨淮西，但是他派去的统帅，不是腐朽的官僚，就是自己另有企图。结果，花了整整三年工夫，费了大量财力，都失败了。朝廷官员都认为不能再打下去，大臣裴度却认为淮西好比身上长的毒疮，不可不除。唐宪宗拜裴度做宰相，决心继续征讨淮西。

817年，朝廷派李愬担任唐州（今河南唐河）等三州节度使，要他进剿吴元济的老巢蔡州（今河南汝南）。

唐州的将士打了几年仗，都不愿再打，听到李愬一来，有点担心。李愬到了唐州，就向官员宣布说："我是个懦弱无能的人，朝廷派我来，是为了安顿地方秩序。至于打吴元济，不干我的事。"

这个消息传到吴元济那里。吴元济打了几次胜仗，本来就有点骄傲，听到李愬不懂得打仗，更不把防备放在心上了。

以后，李愬一点不提打淮西的事。唐州城里有许多生病和受伤的兵士，李愬一家家上门慰问，一点官架子也没有。将士们都很感激他。

有一次，李愬的兵士在边界巡逻，碰到一小股淮西兵士，双方打了一阵，唐军把淮西兵士打跑了，还活捉了淮西军的一个小军官丁士良。

丁士良是吴元济手下的一名勇将，经常带人侵犯唐州一带，唐军中很多人都吃过他的亏，非常恨他。这一回活捉了他，大伙都请求李愬把他杀了，给死亡的唐军兵士报仇。

将士们把丁士良押到李愬跟前。李愬吩咐兵士松了他的绑，好言好语问他为什么要跟吴元济闹叛乱。丁士良本来不是淮西兵士，是被吴元济俘虏过去的，见李愬这样宽待他，就投降了。

李愬靠丁士良的帮助，打下了淮西的据点——文城栅和兴桥栅，先后收服了两个降将，一个叫李佑，一个叫李忠义。李愬知道这两人都是有勇有谋的人，就推心置腹地信任他们，跟两人秘密讨论攻蔡州的计划，有时讨论到深更半夜。李愬手下的将领为了这件事都很不高兴，军营里沸沸扬扬，都说李佑是敌人派来做内应的。有的还有凭有据地说，捉到的敌人探子，也供认李佑是间谍。

李愬怕这些闲话传到朝廷，让唐宪宗听信了这些话，自己要保李佑也保不住了，就向大家宣布说："既然大家认为李佑不可靠，我就把他送到长安去，请皇上去发落吧。"

他吩咐兵士把李佑套上镣铐，押送到长安，一面秘密派人送了一道奏章给朝廷，说他已经跟李佑一起定好攻取蔡州的计划。如果杀了李佑，攻蔡州的计划也就失败了。

唐宪宗得到李愬的密奏，就下令释放李佑，并且叫他仍旧回到唐州协助李愬。

李佑回到唐州，李愬高兴极了，握着他的手说："你能安全回来，真是国家有福了。"说着，立刻派他担任军职，让他携带兵器进出大营。李佑知道李愬千方百计保护他，非常感动。

没多久，宰相裴度亲自到淮西督战。原来，各路唐军作战都有宦官监阵，将领没有指挥权。打胜仗是宦官的功劳，打败仗却归咎于将领。裴度到了淮西，发现这个情形，立刻奏请唐宪宗，把宦官监阵的权撤销了。将领们听到这个决定，都很兴奋。

李佑向李愬献计说："吴元济的精兵都驻扎在洄曲（今河南商水西南）和四面边境上，守蔡州的不过是一些老弱残兵。我们抓住他的空隙，直攻蔡州，活捉吴元济是没问题的。"

李愬把这个计划秘密派人告诉裴度。裴度也支持他，说："打仗就是要出奇制胜，你们看着办吧。"

李愬命令李佑、李忠义带领精兵三千充当先锋，自己亲率中军、后卫陆续出发。除了李愬、李佑几个人，谁也不知道到哪里去。有人偷偷问李愬，李愬说："只管朝东前进！"

赶了60里地，到了张柴村。守在那儿的淮西兵毫无防备，被李佑带的先锋部队全部消灭。李愬占领了张柴村，命令将士休息一会儿，再留下一批兵士守住张柴村，截断通往洄曲的路。一切安排妥当，就下令连夜继续进发。

将领们又向李愬请示往哪里去，李愬这才宣布："到蔡州去，捉拿吴元济！"

将领中有一些是在吴元济手里吃过败仗的，一听到这个命令，吓得脸色都变了。监军的宦官特别胆小，急得哭了起来，说："我们果然中了李佑的奸计了。"

这个时候，天色黑洞洞的，北风越刮越紧，鹅毛般的大雪越下越密。从张柴村通往蔡州的路，是唐军从来没走过的小道。大家暗暗叫苦，但是，李愬平日治军很严，谁也不敢违抗军令。

半夜里，兵士们踏着厚厚的积雪，又赶了70里，才到了蔡州城边。正好城边有一个养鹅、鸭的池塘，鹅鸭的叫声把人马发出的响声掩盖过去了。

李佑、李忠义吩咐兵士在城墙上挖了一个个坎儿，他们带头踏着坎儿爬上城，兵士们也跟着爬上去。守城的淮西兵正在呼呼睡大觉，唐军把他们杀了，只留着一个打更的，叫他照样敲梆子打更。接着，打开城门，让李愬大军进城。

大军到了内城，也照这个办法顺利地打进了城，内城里的淮西军一点也没有发觉。

鸡叫头遍的时候，天蒙蒙亮了，雪也止了。唐军已经占领了吴元济的外院，吴元济还在里屋睡大觉呢。有个淮西兵士发现了唐军，急忙闯进里屋报告吴元济说："不好了，官军到了。"

吴元济懒洋洋地躺在床上不想起来，笑着说："这一定是犯人们在闹事，等天亮了看我来收拾他们。"

刚说完，又有兵士气急败坏地冲进来说："城门已经被官军打开了。"

吴元济奇怪起来，说："大概是洄曲那边派人来找我们讨寒衣的吧！"

吴元济起了床，只听见院子里一阵阵吆喝传令声："常侍传令啰……"（常侍是李愬的官衔）接着，又是成千上万的兵士的应声。吴元济这才害怕起来，说："这是什么常侍？怎么跑到这儿来传令？"说着，带了几个亲信兵士爬上院墙想要抵抗。

李愬对将士说："吴元济敢于顽抗，是因为他在洄曲还有一万精兵，他在等待那边来援救。"

驻洄曲的淮西将领董重质，家在蔡州。李愬派人慰抚董重质的家属，派董重质的儿子到洄曲劝降。董重质一看大势已去，就亲自赶到蔡州向李愬投降了。

李愬命令将士继续攻打院墙，砸烂了外门，占领了军械库。吴元济还想凭着院墙顽抗。第二天，李愬又放火烧了院墙的南门。蔡州的百姓们受够了吴元济的苦，都扛着柴草来帮助唐军，唐军兵士射到内院里的箭，密集得像刺猬毛一样。

到太阳下山的时候，内院终于被攻破，吴元济没有办法，只好哀求投降。李愬取得了全胜。

◎故事感悟

在战争之中，李愬没有急于杀掉降将，而是把他们争取过来，为己所用，对整个战争全局而言变不利为有利，最终歼灭敌人，大获全胜。

◎史海撷英

藩镇割据

　　藩镇割据，是指唐中叶以后，一部分地方军政长官据地自雄，不服从中央命令的政治局面。藩是保卫，镇指军镇，封建朝廷设置军镇，本为保卫自身安全，但发展结果往往形成对抗中央的割据势力，这是封建统治者争权夺利的本性所造成的矛盾。唐代安史之乱后，出现了中央集权削弱、藩镇强大、互相争战的局面。当时节度使独揽一方军政财权，其职位由子弟或部将承袭，不受中央政令管辖。至9世纪初，全国藩镇达40余个，他们互相攻伐，或联合对抗中央。唐代中央政府多次削弱藩镇，收效甚微。此局面延续近两个世纪，至北宋初结束。后代史家把这种局面统称之为"藩镇割据"。

◎文苑拾萃

赠李愬仆射

（唐）王建

唐州将士死生同，尽逐双旌旧镇空。

独破淮西功业大，新除陇右世家雄。

知时每笑论兵法，识势还轻立战功。

次第各分茅土贵，殊勋并在一门中。

为大业十年待降将

◎治安之本，唯在得人。——李世民

> 皇太极（1592—1643），清太祖努尔哈赤第八子。满族。爱新觉罗氏，正白旗，清朝的建立者，史称清太宗。杰出的政治家、军事家、战略家、后金统帅。

清太宗皇太极是一位求贤若渴、爱惜将才的马上帝王，他自天命十一年（1626年）继位后金汗之后，在选将用将方面有一个显著特点，就是善待降将并委以重任，他把这个问题看成是打败明朝、实现统一大业的重要手段。为此，他对明朝降将格外敬重，以礼相待，给予高官厚禄，既解决了清军军事将才缺乏的问题，又能削弱和瓦解明军，不断壮大自己的力量。由于较好地实施了这条善待降将，委以重任的政策，使得皇太极拥有了一支精悍的汉将队伍，为打下清朝江山立下了汗马功劳。这成为皇太极对明军作战取得一系列胜利的一个重要条件。

天聪五年（1631年）八月，皇太极率大军围攻大凌河，城中明军总兵祖大寿虽仅步骑1.4万人，却顽强抵抗。祖大寿是明朝镇守关外的重要将领之一，以谋略高深、能守善战而著名。皇太极深知祖大寿是辽东明将中举足轻重的人物，他爱惜其才，早就筹划要招降祖大寿为他所用。自围城开始便写信劝降祖大寿。祖大寿明确回答说："我宁死于此城不降也。"坚守城池近四个月。由于援兵无望，"城内粮绝薪尽，兵民相食，大寿等力竭计穷"。在万般无奈的情况下，祖大寿决定施用"投降"之计，出城"归降"。

皇太极闻讯格外高兴，派出诸贝勒出迎一里，自己则出幄外迎接。十月

124

二十八日晚，祖大寿到太宗御营与皇太极相见。皇太极不让祖大寿跪拜，而以抱见礼优待，并礼让祖大寿先入幄。祖大寿不敢，谦让后，太宗与他并肩入幄，极示尊敬之意。在丰盛的宴席上，皇太极亲自捧金卮给祖大寿酌酒，还赏给其黑狐帽、貂裘、金玲珑、缎靴、雕鞍、白马等珍贵物品。祖大寿佯装感激不尽，以妻子尚在锦州，请求允许他回去设计智取锦州。皇太极当即表示同意，祖大寿一去便不再复返。皇太极却仍对包括祖大寿的子侄祖可法、祖泽洪、祖泽润在内的大批降将实行"善抚"政策，分别予以重用。授其子祖泽洪、养子祖可法为一等梅勒章京，侄子祖泽润三等昂邦章京。他不厌其烦地一次次亲自赐宴和赏赐给他们各类财物，包括庄园、奴仆、马匹、银两、衣物等，使降将感激涕零，愿为其效犬马之劳。

皇太极善待和重用降将政策对明军将领产生了巨大的效应。天聪七年（1633年），参将孔有德、耿仲明率官兵数千人自山东登州航海来归。此后又有广鹿岛副将尚可喜、石城岛总兵沈志祥等带领大批官兵、人口来降。皇太极封孔有德为都元帅，耿仲明为总兵官，其他各官也视功劳分别封赏，并赐赏大量珍宝财物。孔、耿、尚率部来降，不仅给后金带来巨大的政治影响，使后金在同明朝进行改朝换代的斗争打开了更广阔的道路，而且使后金社会内部发生了新变化。皇太极下令孔、耿所部旗纛用皂（黑）色，后又规定孔、耿与八和硕贝勒同列一班，并为之营建府第。崇德元年（1636年）封孔有德为恭顺王、耿仲明为怀顺王、尚可喜为智顺王，而孔、耿与尚独立分管两支由汉人组成的部队，获得类同八旗主一样的权力。孔、耿、尚的来归成为皇太极编制汉军旗的开始，使清军的实力大大增强，孔、耿、尚为清朝统一全国建立了汗马功劳。

祖大寿自大凌河一去不复返，在此之后又与皇太极兵戎相见。皇太极并没有因祖大寿负恩背约而恼怒，仍是一如既往，以诚相待。他殷切致书祖大寿："自大凌河别后，今已数载，朕不惮辛苦而来，冀与将军相见。至于去留，终不相强。将军虽屡与我兵相角，为将固应尔，朕决不以此介意。将军勿自疑。"皇太极对祖大寿不计前嫌，执意收降以用，其真心相待，见于言语之中。但祖大寿始终避而不见。

清太宗崇德五年（1640年），清军在和硕睿亲王多尔衮率领下包围锦州。

皇太极指使祖泽润等联名修书诱劝祖大寿及早归降，并亲自派人到锦州说服祖大寿的妻子，令其以利害开导祖大寿降清。祖大寿仍不为所动，等待援兵，坚守城池不降，使清军多有失利。明崇祯帝令蓟辽总督洪承畴率兵13万驰援锦州。皇太极从盛京赶到前线，指挥清军在松山与明援军激战，大败明军，擒获洪承畴。在此形势下，皇太极再派祖大寿之弟祖大成入锦州城劝说祖大寿投降。当时的锦州军心瓦解，"城内粮尽，人相食，战守计穷"，祖大寿无计可施，最后决计献城归降。

祖大寿献城投降，皇太极十分欣喜，指令将祖大寿带到盛京。祖大寿背弃大凌河誓言，诸多文臣武将要求将其处死，祖大寿自己也深感前番诈降之事无颜相见。但皇太极不改初衷，耐心等待了祖大寿近十年，相见时皇太极仍以诚相待，他宽慰祖大寿说："尔背我为尔主、为尔妻子宗族耳。朕尝语内院诸臣，谓祖大寿必不能死，后且复降，然朕决不加诛。往事已毕，自后能竭力事朕，则善矣。"祖大寿感恩不尽，表示愿效力疆场。皇太极命祖大寿仍为总兵官，隶正黄旗，并给予了重赏，"赐赍优渥"。皇太极为一降将耐心等待近十年，终于为其所用。

皇太极对待松山之战俘虏的明将洪承畴也是如此，以诚感化。他先派出大臣范文程等人前往劝降，洪承畴不为所动，"科跣谩骂"誓死不降。皇太极遂亲自到洪承畴的住处看望，他解下自己所穿的貂皮大衣给洪承畴披上，并问道："先生得无寒乎？"一句话说得洪承畴瞠视其良久，最后感叹一声："真命世之主也！"乃叩头请降。皇太极大喜，当日"赏赍无算，置酒阵百戏"，以示庆贺。

皇太极为实现宏图大志，招揽人才、厚待汉将的做法，并未被文武官员所理解。收降洪承畴后给予他的高规格礼遇也引起众文臣的不满，觉得"上何待承畴之重也？"皇太极对他们说："吾曹栉风沐雨数十年，将欲何为？"诸将说："欲得中原耳。"皇太极笑着说："譬诸行道，吾等皆瞽。今获一导者，吾安得不乐？"一席话使得诸将心悦诚服。

正是基于这种思想，皇太极把对待降将的问题提高到战胜明朝、建立千秋大业的高度去认识，作为一个政策来执行，所以在实行的过程当中皇太极表现出较高的姿态，以宽阔的胸怀，以诚相待，感化了一批明朝良将，为其所用，形成了人才济济的盛况。皇太极善待和重用降将，为清军入关并进而统一全国奠定了坚实的基础。

◎故事感悟

身为清朝的统治者，皇太极深知降将对于战胜明朝的巨大作用，他为求得一员降将而不计恩怨，等待十年，最终获得了回报。对于这样高瞻远瞩、顾全大局的做法，我们佩服至极。

◎史海撷英

皇太极幼年持家

皇太极出生时，努尔哈赤正从事统一女真的事业，以满洲部为核心，已将其周围各部统一。万历十五年（1587年），在呼兰哈达山下东南建筑了赫图阿拉（今辽宁新宾县旧老城），皇太极就出生在这里。他家住在这一山城的最里边，是方圆几百里内最富有的大户。城外有自己的"农幕"，即农庄，家里有大量的绫罗锦缎，吃不完的鸡、鸭、鱼、肉及美酒等。当父兄长年累月忙于出征作战时，7岁的皇太极就开始主持家政了，把家里日常事务、钱财收支等管理得井井有条。特别是有些事情不需努尔哈赤操心指示，皇太极就能干得很出色，与自己想的一样，因而努尔哈赤对皇太极更是爱如"心肝"。

◎文苑拾萃

《明亡清兴六十年》

以袁崇焕为线索，展现了明末清初60年间的历史风云。作者阎崇年对明朝和满洲双方的政治、经济、军事状况平行观察，力图总结明朝何以衰亡、满洲何以兴起的历史经验与教训。在叙事手法上，以袁崇焕个人的命运起伏为推进情节发展的线索，又增加了其背后广阔的社会历史内容，所以既有可读性，又有一定的深度和广度。

助革命孙眉捐资

◎人生的价值，即以其人对于当代所做的工作为尺度。——徐玮

> 孙眉（1854—1915），谱名德彰，号寿屏。孙中山胞兄。1854年12月6日出生于广东省香山县翠亨村的一个贫苦农民家庭。孙中山倡导革命大业，得到孙眉物质、精神的支持和鼓励，对他的革命生涯起了极其重要的作用。后又参加革命，奔走于湛江香港两地，进行反清活动。

　　孙中山为推翻清朝的腐败政权，致力于国民革命凡数十年。他从一个农村少年成长为一名著名医生，继而成为中国伟大的资产阶级民主革命先行者，实得力于他兄长不少的支持和帮助。这位兄长就是年纪比孙中山大12岁的檀香山早年著名的华侨实业家孙眉。孙眉为支持孙中山的革命事业，可谓竭尽财力，以致倾家荡产，其事迹甚为感人。

　　孙眉少年时家境贫寒，倜傥不羁，无心向学。1871年，年仅17岁的孙眉前往檀香山谋生。到檀香山后，他先后受雇于当地华侨当田工，数年后，与几个人合伙向当地政府领地开荒垦殖，艰苦创业。后租得夏威夷群岛中五大岛之一的茂宜荒地1000多英亩，广事畜牧垦殖，获得多招华工到檀香山大兴垦殖的权利。至1885年前后，他领有土地约6000英亩，雇工1000多人，牛、马、猪等牲畜数万头，并开设商店，积资数万，成为著名的华侨农牧家。孙眉为人耿直，仗义疏财，识大体，有魄力，遇事果断，深受当地社会人士的普遍尊敬，因而有"茂宜王"之称。

　　孙中山受中法、中日战争后中国丧权辱国、割地赔款的刺激，决心进行

革命，推翻清朝政权。当时檀香山的人民自接受美国的民主潮流后，革命思想日渐发展，1892年遂大举革命，檀香山土王被迫退位，改君主制为共和制。时势的转变，使侨居檀香山的孙眉的思想也趋向共和政体。

1894年，孙中山为振兴中华、倾覆清廷，前赴檀香山创立中国第一个革命团体兴中会。此举不仅得到了孙眉道义上给予的支持，而且得其"拨出一部分财产为革命军费"。当时檀香山华侨已超过四万人，由于社会风气仍闭塞，对孙中山宣传革命，组织团体，筹募经费，避之犹恐不及。幸得孙眉大力支持，多方游说亲朋好友，争取到二三十人，创立了兴中会，其中不少是孙家的戚谊。

兴中会成立后，为了进行革命活动，开始收取会员会底银及会股银，会员每名缴会费5元，会股银每股10元，可认一股至万股，其中认股最多的是邓荫南和孙眉，分别为300元和200元，同时又倡议组织华侨兵操队，使各会员受军事训练，以便回国参加革命。

1895年初，孙中山终于返国准备广州起义，但距所需之款数尚远，孙眉乃以每头六七元贱价出售部分牛牲，得款以充义饷。

1895年秋，广州第一次起义失败后，孙中山亡命日本转往檀香山。孙眉见到其弟，鼓励他说："这不算一回事，还应该干下去！"孙中山的母亲杨太夫人曾劝说孙中山："革命的目的在救人，行医的目的也在救人，都是救人，何必东奔西跑。"但孙眉认为，行医只能救少数人，革命则能救多数人，吾弟奔走革命多年，应始终一贯，岂可轻易变更，前功尽弃。孙眉的鼓励和支持使孙中山的革命意志更加坚定，这时，其母亲杨太夫人，其妻卢夫人及子孙科、女孙等，也因避开清廷通缉而由粤省故乡赴檀香山，投依孙眉，他们合住三间平房，生活费用完全由孙眉承担。

1903年10月，孙中山从日本到达檀香山，成立了"中华革命军"。为了筹集革命经费，孙中山于1904年在檀香山发行军用债券。当时由于檀香山政府对各岛农牧场施以种种限制，孙眉在茂宜岛的牧场收入虽远不如前，但仍带头支持，变卖1000多头牲畜认购债券，并一再表示愿意倾全力资助孙中山的革命事业。由于孙眉的支持和推动，孙中山在檀香山筹得数万元的饷款。

　　孙眉对孙中山倡导革命大业，无论在精神上或物质上都给予了无私的支持和帮助。后有人散布谣言，攻击孙中山假革命名义以图"攫利"时，孙中山对孙眉倾家以助革命事业，曾有如下叙述以告示友人："当日图广州之革命以资财赞助者，固无几人也。所得助者，香港一二人出资数千，檀香山出资数千，合共不过万余耳。而数年之经营，数省之联络，及于羊城失事时所发现之实迹，已非万余金所能办者也，则人人皆知也。其余之财何自来乎？皆我兄及我所出也……"

　　为壮大革命力量，联络同志，孙眉与杨文纳力劝孙中山加入在美洲和檀香山华侨社会中极有势力的反清复明的秘密结社洪门致公堂。孙中山于1904年1月入盟，被授为"洪棍"（元帅）之职，为后来团结美洲华侨进行反清革命起了积极作用。

　　自1898年吞并夏威夷至20世纪初，美国发表了对于各岛农场租限条例，这对旧租地者极为不利。孙眉延请律师与政府抗争。1907年孙眉败诉，财产大受损失，不得已将茂宜农场归还政府。之后将数十年经营之事业全部收束，与母杨太夫人和孙中山妻卢夫人等举迁香港九龙牛池湾，租屋以居，细小琐事也多亲自为之，以自谋生活。

　　1910的7月19日，孙母杨太夫人在牛池湾去世。时值孙中山自新加坡赴槟榔屿。由于香港殖民当局禁止孙中山登岸，因而不能奔丧，亲视含殓。丧葬事宜全由同盟会会员罗延年经办，前时檀香山富翁孙眉，此时竟无力为母治丧，由南洋同志汇款千元，安葬于新界西贡濠涌百花林，墓碑题"香邑孙门杨氏太君墓"。此时，孙眉因资助革命和农场结束而家境衰落，但他仍关心革命事业，联络党员，继续运动新军。

　　1910年9月，孙眉的革命活动因见忌于香港殖民政府，被驱逐出境。孙眉转赴槟榔屿，参加同年11月13日由孙中山主持召开的"槟城会议"，筹备广州起义，后来促成了著名的广州"三二九"黄花岗起义，辛亥革命拉开了序幕。

　　辛亥革命后不久，南京临时政府成立，孙中山当选为临时大总统。此时广东方面有推举孙眉为粤都督之意。孙中山于1912年2月21日电复广东各团体并各报界云："家兄质直过人，而素不娴于政治，一登舞台，人易欺以其方，粤督任重，才浅肆应，绝非所宜。若为事择人，则安置民军，办理实业，家兄当能为之。"表示不赞成此举。孙眉也不居功、不谋私，欣然接受其弟的劝告，充分表现了他的伟大胸怀。

不久，孙眉自粤赴宁，拟向孙中山面陈粤政得失，痛陈让位袁世凯的失策，并指摘粤省胡、陈二督施政方面的谬误，孙中山力劝其兄长勿预政事，从此自隐林泉，以娱暮景。1913年秋讨失败后，孙中山亡命日本，孙眉自粤移居澳门。1915年2月11日，孙眉病逝于澳门，终年61岁。

1935年，中国国民党中央执行委员会议决以国币一万元葬孙眉于中山故居中山纪念中学之旁，伐石刻词，以表彰他在近代中国革命中的功绩。

◎故事感悟

孙眉始终以革命大业为重，最先并动员他人加入兴中会，之后频频为革命事业捐款捐物，不计名利、地位。在有人荐举他为粤都督之时，他不贪仕途，自始至终，无私奉献。他这种胸怀大义、不图私利、坚持革命的精神真是令后人景仰。

◎史海撷英

孙中山求学檀香山

孙中山于1878年5月2日乘香港招商局轮船"广大"号，经过25天航程才到檀香山。

孙眉叫胞弟到檀香山来，初衷是希望孙中山将来能继承自己的事业，在商界飞黄腾达。所以，他在孙中山来后不久，就安排胞弟到自己在茄荷勒埠商店学做生意，学记账、珠算，还学习当地人的方言。但不久，孙眉发现孙中山对于做生意毫无兴趣，却有着强烈的求知欲，有志于读书。对此，孙眉不仅没责怪胞弟，而且改变原来的主意，欣然送孙中山入学。1879年9月下旬，孙中山进入檀香山正埠一所有名的男子寄宿中学意奥兰尼学校读书。

据说，孙中山初入校时，孙眉的经济并不十分宽裕，为了弥补生活费用的不足，孙中山有一段时间只得半工半读，课余充任校中杂役。随着孙眉事业的不断成功，孙中山的学习和生活费用就得到大哥的源源供给了。孙中山一生为中国的繁荣富强而奋斗，他那"改良祖国，拯救同群"之愿就是在这时萌发的。在那些年中，孙眉对胞弟予以无微不至的关心。每逢佳节，他常邀孙中山及学友到怒安怒街自己的店中欢聚。孙中山没有辜负大哥对自己的一片厚望，1882年7月27日毕业于意奥兰尼学校，获得优异成绩，由夏威夷王颁予奖品。最高兴的还是孙眉，他不仅决定将自己的部分财产划归胞弟名下，还特地设宴招待牧师和侨胞。1883年7月孙中山离开檀香山归国。

◎文苑拾萃

无　题

吴玉章

春蚕到死丝方尽，人至期颐亦不休。
一息尚存须努力，留作青年好范畴。

蒋梦麟"无为"保联大

◎教育有种种问题，究其极，则有一中心问题存焉。此中心问题惟何？曰做人之道而已。做人之道惟何？曰增进人类之价值而已。故欲言人类之价值，当先言个人之价值，不知个人之价值者，不知人类之价值也。——蒋梦麟

> 蒋梦麟（1886—1964），原名梦熊，字兆贤，号孟邻。浙江余姚人。美国哥伦比亚大学教育学博士，曾任国民政府第一任教育部长、行政院秘书长，长期担任北京大学校长。1908年他考取官费留美资格，留美近10年，成为杜威的学生。1917年获得哥伦比亚大学哲学及教育学博士学位。回国后，创办《新教育》月刊。1923年任北京大学代理校长。主要著作有：《西潮》、《孟邻文存》、《谈学问》、《文化的交流与思想的演进》、《新潮》等。

　　1937年7月7日卢沟桥事变后，日本帝国主义全面发动侵华战争。为使中华民族教育精华免遭毁灭，华北及沿海许多大城市的高等学校纷纷内迁。1938年，北大、清华、南开三校迁入昆明，正式改名为西南联大，蒋梦麟以北大校长身份任西南联大常委。

　　三校合并之初，在人员配置上有摩擦，科系设置上也有摩擦，到1941年才磨合得比较好。最初较严重的是北大和清华之间的摩擦，主要是由于北大资格最老，在联大实力不敌清华。然而，凡是遇到与清华争利益时，蒋梦麟总是选择退让。

　　"蒋梦麟在西南联大时的不争，成就了西南联大。如果争的话，就成西北联大了。"人们这样评价蒋的"无为"。西北联大1937年9月在西安成立，由北平大学、北平师范大学、北洋工学院和北平研究院等组成，不到一年就分崩离析。

　　在人们看来，蒋梦麟的不争，更多的是因为顾全大局而不是性格所致。

"蒋梦麟是一个很固执的人，绝不人云亦云"。

蒋梦麟在联大的无为，最终招致很多北大教授的不满，在某种程度上也导致了他最后被排挤出北大。1944年，即将复员北平的北大开始了一场"倒蒋举胡"的风潮，蒋的老友傅斯年、周炳琳也是"倒蒋"的一分子，他们希望请尚在美国的胡适回来当校长。最现成的理由是，蒋梦麟随着宋子文出任国民政府行政院长而担任了行政院秘书长，而1929年，时任教育部长的蒋梦麟亲自制定的《大学组织法》规定，大学校长不得兼任政府官员。

1945年8月，蒋梦麟正式辞去北京大学校长，同时退出西南联大。胡适继任北大校长，他尚未归国时由傅斯年代理。

◎故事感悟

蒋梦麟先生当时身为北大校长，为了西南联大的团结，为了使中华民族教育精华免遭毁灭，选择了不争，选择了"无为"，这与蒋先生高瞻远瞩的眼光和顾全大局的崇高精神是密不可分的。

◎史海撷英

西南联大

国立西南联合大学是中国抗日战争期间设于昆明的一所综合性大学。卢沟桥事变后，华北及沿海许多大城市的高等学校纷纷内迁，迁入云南的高校有10余所。北京大学、清华大学、南开大学先迁至湖南长沙，组成长沙临时大学，1937年10月25日开学。1938年4月又西迁昆明，改称国立西南联合大学。

学校设立文、理、法商、工、师范5个院26个系，两个专修科一个选修班。北大、清华、南开原为著名的高等学府，它们有各自独特的经历，有各自的教学作风，组成联大以后，汇集了一批著名专家、学者、教授，师资充实，人才济济。他们在极其艰苦的条件下，坚持严谨的治学态度，树立优良学风，是当时中国规模最大的著名高等学府。

抗战胜利后，1946年，西南联大解散，三校分别迁回北京、天津复校。

◎文苑拾萃

西南联大校歌

作词　罗庸

万里长征，辞却了五朝宫阙，暂驻足衡山湘水，又成离别。绝徼移栽桢干质，九州遍洒黎元血。尽笳吹弦诵在山城，情弥切。千秋耻，终当雪。

中兴业，须人杰。便"一城三户"，壮怀难折。多难殷忧新国运，动心忍性希前哲。待驱除仇寇复神京，还燕碣。

航天家庭顾航天

杨利伟（1965—　），辽宁省葫芦岛市绥中县人。大学文化程度，中国共产党党员。中国人民解放军少将军衔，特级航天员。历任中国航天员科研训练中心副主任，载人航天工程航天员系统副总指挥，现任中国载人航天工程办公室副主任。他是中国培养的第一代航天员，在中共"十七大"上当选为中央候补委员。杨利伟在原空军部队安全飞行1350小时。2003年10月15日北京时间9时，杨利伟乘由长征二号F火箭运载的神舟五号飞船首次进入太空，是中华人民共和国第一位进入太空的太空人。

　　杨利伟出生在辽宁省绥中县，绥中靠近渤海湾，大海养育了杨利伟，同时也塑造了他刚毅质朴、沉静温雅的性格。儿时，面对蓝色的大海，他有一个梦想，希望有一天能像海鸥那样，向着蓝天飞去。

　　1983年，杨利伟考进了空军第八飞行学院。四年的刻苦学习和训练，他终于成了空军一名优秀的歼击机飞行员，儿时的梦想成了现实。从此，他尽情地飞翔在蓝天。从华北飞到西北，从西北飞到西南，在祖国的万里蓝天上，处处留下了他矫健的身影……

　　1996年的初夏，杨利伟接到通知，参加航天员初选体检。

　　1998年1月，杨利伟和其他13位空军优秀飞行员一起，成为中国第一代航天员。

　　自从加入了航天员的队伍，由于事业的性质，杨利伟与家人聚少离多，大部分时间均在训练中度过。但是，家庭、妻子都非常支持他的工作，从来没有怨言。

　　杨利伟的妻子张玉梅原来是位中学教师，后特招入伍到部队当了档案资料员。她娴静文弱，两人婚后夫唱妇随。为支持丈夫的事业，张玉梅承担了所有家务，即便是儿子出生时，也没耽误丈夫的工作。

　　儿子杨宁康心目中最大的英雄就是自己的爸爸。老师让写作文，他就拿着爸爸的照片，写成一篇《爸爸的雄姿》。他写道："看到照片上爸爸为祖国航天事业无私奉献、刻苦训练的雄姿，我就非常自豪和骄傲。"这篇作文后来上了学校的《作文导报》，小宁康还得了18元稿费。

　　2001年7月，妻子张玉梅因病住进医院，需要做手术。张玉梅说："当我被推进手术室的一刹那，看到杨利伟对我那种从未有过的万般牵挂和怜爱歉疚的眼神时，心如刀绞啊！"

　　手术后，张玉梅身体十分虚弱，24小时平躺在床上一点儿都不敢动。可是，手术后第三天，杨利伟就要告别妻子去某空军基地，进行航天员高空飞行训练。

　　临行前一天，他在妻子病床边的椅子上整整坐了一晚，然后义无反顾地回到了航天员大队。

　　大队领导说："你妻子病得很重，你是不是……"

　　杨利伟说："请首长放心，我已请老母亲过来帮我照顾，任何事情都不能影响我的训练。"

　　这次高空飞行训练，杨利伟完成得干净利落，再次取得优秀成绩。

　　2003年7月，经载人航天工程航天员选评委员会评定，杨利伟具备了独立执行航天飞行的能力，被授予三级航天员资格。

　　2003年10月15日北京时间9时，杨利伟乘由长征二号F火箭运载的神舟五号飞船首次进入太空，成为了中国的"太空第一人"。他和技术专家的创举使得中国成为第三个掌握载人航天技术的国家。

◎故事感悟

　　杨利伟为了训练，为了国家的航天事业，连生病的妻子都无法照顾；聚少离多，很少跟家人在一起，但他的家人并没有埋怨，而是积极支持他的工作。他们顾大家、舍小家，无愧为我们新时代的楷模。

◎史海撷英

中国航天史

　　中国航天史是从1956年2月开始的，当时著名科学家钱学森向中央提出《建立中国国防航空工业的意见》。1956年4月，成立中华人民共和国航空工业委员会，统一领导中国的航空和火箭事业。聂荣臻任主任，黄克诚、赵尔陆任副主任。航空工业委员会的成立标志着中国航天事业创业的开始。

　　1970年4月24日21时31分，中国"东方红"一号飞向太空。这是中国发射的第一颗人造卫星。1987年8月，中国返回式卫星为法国搭载试验装置。这是中国打入世界航天市场的首次尝试。2003年10月15日，神舟五号载人飞船升空；2005年10月12日，神舟六号搭载两名航天员升空。2008年9月25日21点10分零4秒988毫秒，神舟七号搭载三名航天员升空。

ZHONGHUACHUANTONGMEIDEBAIZIJING

中华传统美德百字经

全·顾全大局

第四篇

顾全大局巾帼不让须眉

细君公主远嫁乌孙

◎专利国家，不为身谋。——司马光

> 刘细君（公元前140—前87），汉江都王（扬州）刘建之女。汉武帝为结好乌孙（今伊犁河上游流域），封细君为江都公主，下嫁乌孙国王昆莫，是早于昭君出塞的第一位"和亲公主"。

汉武帝时代，在民族关系上面临的严重问题，就是如何对付匈奴的骚扰。公元前135年，窦太皇太后病死，武帝终于摆脱束缚，随即清除异己，终止"无为而治"的黄老学说，独尊儒术。他大力加强中央集权，大刀阔斧地进行经济、政治、文化多方面的改革，取得了辉煌成就。国家富足，皇帝又大权在握，抗击匈奴的时机终于成熟了。在公元前127—前119年的几年中，武帝大举讨伐匈奴，终于迫使匈奴北迁。

匈奴遭受汉军几度打击，远遁漠北，然而，西域却并未安宁，彪悍的匈奴民族也从未罢休。为了彻底铲除匈奴的威胁，武帝广泛展开外交攻势，其中一条，就是与西域大国乌孙结盟以"断匈奴右臂"。汉朝廷为了进一步制止匈奴的复起，便有了联络西域诸国的愿望。武帝时，派张骞出使西域，听取了张骞提出的联合乌孙以"断匈奴右臂"的建议，并答应把汉公主嫁给乌孙王，作为结盟的条件。乌孙已亲眼看到了汉朝的强盛，同时又惧怕匈奴报复性的侵略，于是自动地结好于汉，遣使献马，表示愿意和亲，结为昆弟之交。武帝当下同群臣计议，同意了这个要求，只是提出说："一定要先来纳聘，然后才能把公主送出去。"

公元前115年，乌孙国王昆莫派使者出访汉朝，使者亲眼见到汉朝的富强，深感不虚此行。昆莫听了使者的汇报，不由对汉朝产生了仰慕之情，他派人送来1000匹良马作为聘礼，表示愿与汉朝通婚，武帝答应了，从宗室女中选中刘细君嫁与昆莫，并且还赠送了丰厚的妆奁，以及官属宦官侍御数百人。当时匈奴听到了这个消息，唯恐乌孙被汉朝拉过去，于是也照样把自己的女儿嫁给昆莫。昆莫就以细君为右夫人，以匈奴女为左夫人。

刘细君原是江都王刘建的女儿、武帝的同父异母兄弟刘非的孙女。早在公元前121年皇室的互相倾轧中，细君的父亲刘建和母亲成光就以谋反罪被处死，家族受牵连也被夷灭三族，细君因是幼女得以幸免，但身价却因此一落千丈，她是靠父辈亲戚的怜惜才得以长大成人的。虽然依然保持着皇族的身份，但皇族的荣华富贵却与她无关。身世的坎坷和世事的冷漠，使柔弱的细君过早地尝到了人生的苦难和无奈。

但细君毕竟拥有皇室血统，又生得美丽，所以在她16岁时被选为和亲公主。公元前105年，细君到达乌孙首都赤谷城，乌孙国王昆莫举行盛大的婚礼迎娶细君为右夫人（第二王后，第一王后是匈奴女子）。可是再喜庆的场面也冲淡不了细君内心的忧伤，因为新郎昆莫已是一位年过七旬、满头白发的老人了。

但是，细君始终牢记自己的使命。她到了乌孙以后，即开始进行政治活动，经常"置酒饮食，以币帛赐王左右贵人"，以联络乌孙贵族，为汉朝和乌孙的友好关系作出了贡献。

尽管细君从小失去父母、寄人篱下，过着与平民无异的生活，却从未丧失过对幸福生活的追求。16岁正是花一般的年纪，在她的内心深处，多少次地编织过未来的美好生活，她渴望有一个如意郎君能给她爱给她保护给她幸福，可是，眼前漫天的沙暴和狂风卷走了她所有的渴求和盼望，使本来就多愁善感的细君心中更加悲苦！

于是在出嫁不久，细君便请求昆莫为她仿照汉人的房屋样式建造了一所居室，自己带着宫女独自住进去，一年也只是礼节性地和丈夫见一两次面而已。

由于语言不通，又不习惯游牧民族的生活方式，细君悲愁难抑，常作悲愁歌。乌孙公主的悲歌传到汉武帝的耳中。汉武帝也不禁为之感动，非常同情她的境况。每隔一年，他便派遣使者带着锦绣帏帐，赠给乌孙公主。

两年后，昆莫去世。临死前，昆莫留下遗言，要细君按乌孙风俗嫁给自己的孙子岑陬国王。按照乌孙的风俗习惯，兄弟可以和寡嫂结婚；儿子可以和非亲生的寡母结婚；甚至祖父尚在，孙子竟可以和后祖母结婚。这显然与细君从小受到的道德伦理相距太远了。细君抵死不从，并上书汉廷请武帝为自己做主。

武帝虽然同情细君的心情，可对他而言，政治需要永远是要放在第一位的。他回书细君，要她为国家大计着想，按乌孙风俗行事。细君无奈，只得含泪顺从，又成为岑陬国王的妻子。

不久，细君为岑陬生下一个女儿，取名少夫。

然而，由于几年来一直郁郁寡欢、悲愁过度，加上身体虚弱，产后不久，细君公主便撇下襁褓中的女儿撒手而去。

作为汉朝与乌孙的第一个友好使者，细君公主积极联络乌孙上层贵族，使乌孙与汉朝建立了巩固的军事联盟，初步实现了联合乌孙、遏制匈奴的战略目标。

◎故事感悟

细君公主身世坎坷，但为了汉朝的稳定，联合乌孙，制衡匈奴，仍然远嫁他方。远在异国他乡，她虽然极度伤心失望，但仍不忘使命，积极联络乌孙贵族，为汉朝和乌孙的友好和睦作出了贡献。细君公主为汉王朝的安邦睦邻献出了自己宝贵的青春，作出了杰出的贡献，历史就不会忘记她的。

◎史海撷英

乌孙国

先秦时期，乌孙自号"昆"，是一个古老的西戎部落，操突厥语。春秋战国时期与月氏游牧于河西走廊，首领称为"昆莫"或"昆弥"。西汉文帝时，被匈奴击溃的月氏攻击乌孙的牧地，乌孙族大败，昆莫难兜靡被杀害。匈奴冒顿单于收留乌孙余部，其孙军臣单于约于公元前113年指派猎骄靡率领乌孙远征伊犁河、楚河流域的大月氏，乌孙军大获全胜，随后猎骄靡在那里建立了一个国家，以族名命名为乌孙国。匈奴通过乌孙间接控制了从伊犁河流域西抵伊朗高原的交通线。虽然军臣单于死后，乌孙国便"不肯复事匈奴"，但是很长时间内一直羁属匈奴。乌孙国曾经是西域最强大的国家，后来与西汉建交，西汉宣帝时分裂为二，5世纪为柔然所灭。

◎文苑拾萃

悲愁歌

（汉）刘细君

吾家嫁我兮天一方，远托异国兮乌孙王。
穹庐为室兮毡为墙，以肉为食兮酪为浆。
居常土思兮心内伤，愿为黄鹄兮归故乡。

为大局奢香受辱

◎赤心事上，忧国如家。——韩愈

> 奢香（1361—1396），明代彝族人。彝名舍兹。生于元顺帝至正二十一年，系四川蔺州宣抚使、彝族恒部扯勒君长奢氏之女。她为民族的团结、社会的稳定作出了杰出的贡献。洪武二十九年，年仅38岁的奢香不幸病逝。明太祖朱元璋特派使臣到水西参加奢香的葬礼，加谥奢香为"大明顺德夫人"。

我国的西南地区，居住着苗、彝等少数民族。明朝的时候，彝族有一位女首领叫奢香。她的丈夫是元明两朝任命的贵州地方官。丈夫去世后，奢香奉命代行职权，很有威信。

奢香袭职摄政后，正值明王朝揭开消灭故元梁王政权、统一云南之战的帷幕。盘踞在云南的割据势力主要有故元梁王和土酋段氏。梁王把匝剌瓦尔密以昆明为其统治中心，在明王朝建立后，仍奉元朝正朔，服从退据蒙古沙漠的元朝残余势力的命令。土酋段氏控制着大理一带，虽然直属北元政府管辖，但处于半独立状态。洪武十四年九月，明太祖朱元璋命颍川侯傅友德为征南将军，永昌侯蓝玉为左副将军，西平侯沐英为右副将军，率师30万人，从四川、湖南兵分两路，经贵州南征云南。

盘踞在云南的元蒙割据势力视云、贵、川三省交界处的黔西北为军事重地，暗中与这一带的土酋相勾结，企图屯兵固守，阻止明军征讨。奢香审时度势，以国家统一为重，坚持不卷入使西南分裂割据的漩涡，积极让明军在水西境内安营扎寨，主动贡马、献粮、通道，支持明军经贵州进伐云南。再是凭借水西与西南彝族各部的宗族姻亲关系，亲自出访乌撒（今威宁）、芒部（今云南镇雄）等地，向诸土酋宣以大义，晓以利害，进行劝说开导，从而使割据势力失去支持。明军顺利进入云南，一举消灭元守军，梁王自缢而死；再又挥师攻克大理，土酋段氏就擒，从此结束云南割据势力的统治。

洪武十六年（1383年），明王朝派驻贵州的封疆大吏——都指挥使马晔，执大汉族主义偏见，视奢香为"鬼方蛮女"，对其摄贵州宣慰使职政绩卓著，忌恨不满，好事贪功，企图以打击彝族各部头领为突破口，一举消灭贵州少数民族地方势力，"代以流官"、"郡县其地"，达到邀功朝廷、专横贵州的目的。他对当地百姓采取高压政策，经常杀人，引起百姓不满。见奢香是个年轻妇女，儿子又小，就经常斥骂她，想激起她的愤怒，起兵谋反，好借机消灭。有一次，这个姓马的都督把奢香叫来训斥，又命人脱下她的衣服，拷打她的后背。这一下果然激怒了彝族民众。彝民们聚集在奢香门前，要求她率众起义反抗。一场民族之间的战争眼看就要打起来了。

奢香很镇静，她看透了马都督的用心，没有上当，没有发兵。把大家劝说回去之后，她决定进京上诉，带着儿子长途跋涉来到南京，向皇帝朱元璋控告马都督激起民变的罪行。朱元璋非常愤怒，下令处死了马都督，还表彰了深明大义的奢香。彝族民众也心平气和了。

奢香为报答皇帝，回到贵州以后，带领彝族民众为国家修筑了两条重要的驿道，打通了湖南、四川、云南到贵州的道路，为改变贵州封闭状态、加强西南边防作出了贡献。

◎故事感悟

　　奢香积极支持统一大业，维护地方稳定，帮助朝廷消灭故元梁王政权；为了汉、彝两族的和平相处，她甘愿忍受屈辱。她顾全大局，深明大义，为我国西南地区的民族融合作出了巨大的贡献。

◎史海撷英

宣慰使

我国古代官名。唐宪宗平淄青节度留后李师道，分其地为三镇，曾置淄青十二州宣慰使，非常制。元置宣慰使司，或称"宣慰司都元帅府"，"宣慰司兼管军万户府"，掌军民事务，分道管郡县，转达郡县请求于行省，传达行省政令于郡县，为行省与郡县间承转机关。如沿边地区有军旅大事，则兼都元帅府或元帅府，或兼管军万户府。少数民族地区参用土官。明清宣慰命名皆西南海少数地区土司世袭官职。辛亥革命后仍有沿用不废者。

◎文苑拾萃

边　词

（明）徐文长

汉军争看绣裲裆，十万弯弧一女郎。
唤起木兰亲与较，看他用箭是谁长。

三娘子三嫁兴家国

◎忧国忘家，捐躯济难，忠臣之志也。——曹植

> 三娘子（1550—1613），史称"钟金哈屯"、"也儿克兔哈屯"、"克兔哈屯"等。明代蒙古瓦剌奇喇古特（土尔扈特）部哲恒阿噶之女，本名叫钟金哈屯，意为高贵显赫。后嫁于鞑靼汗王俺达汗。1582年俺答汗去世后，三娘子主政掌兵达30年之久，约束蒙古各部，保持了与明朝的和平通贡互市关系。

生长在蒙古贵族家庭的三娘子天生丽质、聪慧过人。她饱读诗书，性格豪爽，擅长歌舞骑射。长大后，三娘子能文能武，胸襟开阔，通达事务，深受部落民众的喜爱。

后来，瓦剌奇喇古特部落与雄才大略的阿拉坦汗（也称俺答汗）联姻，于是，20岁芳龄的三娘子嫁给了阿拉坦汗，成为王妃。此次婚姻的缔结，将三娘子推上了可以尽情施展才华的广阔舞台。

三娘子出嫁之时，正值明朝政府与塞外草原的关系极度紧张时期。此前，由于明朝多次拒绝阿拉坦汗有关"通贡互市"的合理要求，还杀死了阿拉坦汗的使者。阿拉坦汗曾经亲率蒙古铁骑直逼北京城下。经过20多年连绵不断的战争，双方损兵折将，人民流离失所，农牧业生产萧条。

面对这种剑拔弩张的严峻形势，三娘子以其聪明才智力排众议，积极主张与明朝政府和好。1571年3月，经过三娘子的不懈努力，双方终于宣布休兵罢战，化干戈为玉帛，实现了通贡互市。

与明朝政府实现通贡互市之后，塞外草原上的几千里边境地带很快出现

了一派祥和、安定、繁荣的景象，史籍中对此评价道："朝廷无此后顾之忧，戎马无南牧之儆，边氓无杀戮之残，师旅无调遣之劳。"此后，三娘子积极维护与明朝的友好和贡市关系，使得蒙汉人民可以自由贸易，草原上诸部落对她更是口服心服，甘愿受其约束。每当互市时，常常出现两族人民"醉饱讴歌，婆娑忘返"的情景。后来，明朝政府封阿拉坦汗为顺义王，封三娘子为忠顺夫人。

万历九年（1581年），阿拉坦汗去世，三娘子立即将这一消息呈文告知明朝政府，并上贡白马9匹，镀金撒袋各1幅、弓1张、箭15支，以表示继续忠顺。明朝政府也立即派遣使者携带厚礼前来祭吊阿拉坦汗，三娘子当时以主人的身份答谢明朝使者。

阿拉坦汗去世后，所有进出关口者需携带三娘子签发的文书方准通行，三娘子从此开始执掌兵权。她的一举一动都与北方地区的局势息息相关，明朝政府深知这一利害关系，又赏赐三娘子大红五彩纻丝衣2袭、彩缎6表里、木棉布20匹。

此时，阿拉坦汗的长子黄台吉依照旧俗，想娶继母三娘子为妻。对此，当时已经32岁的三娘子起初强烈反对，并因此率领阿拉坦汗生前赐给她自卫的1万精骑出走。明朝廷深悉"夷情向背半系三娘子"，便急速派大臣郑洛前去劝说三娘子。三娘子为了顾全大局，也是出于对明朝廷的尊重，最终同意与黄台吉成婚。随后，明朝政府封黄台吉为顺义王，三娘于再次被封为忠顺夫人。

黄台吉继承父位后，经常埋怨其父亲不该与明朝议和，欲挑起事端。三娘子相劝说："天朝所以待我者甚厚，岁通贡市，坐享全利，而无后忧。孰与夫冒矢石，出万死，幸不可知掠获也。"黄台吉听后非常信服，从此打消了与明朝开战的念头。

不久后，三娘子因其子的婚姻问题与部落内部发生纠纷。三娘子派遣精锐骑兵迅速包围了板升城，爆发了板升之战。三娘子军斩杀80余人，生擒20人，缴获盔甲30副，驼马100多匹。战事持续了5个多月，最终降服了板升城。

1585年，黄台吉病逝，其长子扯力克自立为王。本来，三娘子想把手中王印和兵符传给自己的爱子卜他失礼，以继承汗位。不过，三娘子权衡利弊之后，又将王印传与扯力克。此时，已经37岁的三娘子以年岁渐老为由，自练兵万人，筑城别居。

明朝政府感觉到三娘子隐退十分不利于安顿边塞，于是派人规劝扯力克说："夫人三世归顺，汝能与之匹则王，不然封别属也。"于是，扯力克便尽弃妻妾，与三娘子合帐成婚。

时隔两年后，扯力克正式继承顺义王位，而明朝政府深知三娘子才是实际掌权者，再次诏封她为忠顺夫人，赏赐丰厚。扯力克继承王位后，不思进取，常年不理政事，部族里的大小事务全由三娘子处理。为此，明朝政府经常给予三娘子丰厚的赏赐。三娘子对此非常感激，曾经多次向明朝政府表示"子孙暨部族世世为天子守边"。

有记载说，三娘子非常仰慕中原的风尚，经常亲自前往明朝边关军营中走动，与边关将领的关系极其融洽。明朝边关将领也经常将中原贵妇穿戴的八宝冠、百凤云衣等物品馈赠给三娘子。

1591年，宣化镇附近有两名部落首领背叛盟约，率兵进入边境引起骚乱。三娘子闻讯后立即派兵前去征讨，最终擒获叛乱的两名部落首领，使得边塞又恢复了平静。

同年秋季，位于塞外草原西侧的火落赤部落挑起事端，顺义王扯力克瞒着三娘子，出兵帮助火落赤部落扰乱明朝所属的洮河等地。明朝边关将领立即派遣使者将军情告知三娘子。三娘子得知这一消息后，迅速派出使者前往火落赤部落，要求扯力克立即率兵东归。

扯力克迫于三娘子的压力，很不情愿地率兵而归，洮河之乱就此平息。因为此事，明朝政府下令停止通贡互市两年，三娘子对此深表歉意，又将挑起事端者缉拿后送交明朝边关将领。于是，明朝政府又下令恢复中断的通贡互市。

1613年4月，64岁的三娘子因病去世，被安葬在美岱召内，明朝曾经遣使给予赐祭七坛的隆重祭礼。

◎故事感悟

三娘子为了汉蒙两族的和平相处，以大局为上，三次嫁于鞑靼三代汗王。她抛却私怨，力主和平，平定叛乱，为汉蒙关系的融洽和社会的稳定作出了巨大的贡献。

◎史海撷英

三娘子筑归化城

在明朝以前，塞外草原上还没有一座像样的城池。据《明史》记载，明隆庆六年（1572年），阿拉坦汗和三娘子开始共同主持修建一座名叫库库和屯的城池，三娘子是主要的主持者。万历三年，城池建成，明朝政府赐名为归化城。

据《阿拉坦汗传》记载，这座城池是模仿元大都的样式修建的，有8座楼和琉璃金銮殿。当时归化城的城墙全部用青砖砌成，远远望去一片青色。因此，有人说青城之名使是由此而来。后来的归化城是清朝在废墟上又重新建立起来的，但是人们为了纪念三娘子，仍然将归化城称为三娘子城。

◎文苑拾萃

咏昭君墓

傅增湘

麟阁云台盖世勋，论功一例逊昭君。

若从边塞争芳烈，顺义夫人亦不群。